엄마도 너와 대화하고 싶어

일러두기

1. 이 책에는 동요는 < >, 단행본은 《 》으로 표기했습니다.
2. 이 책에 등장하는 아이의 나이는 2023년 6월부터 시행된 행정기본법 일부개정법률에 의거하여 '만(滿) 나이'로 계산했음을 밝힙니다.
3. 본문에는 단어 1개로 소통을 시작하는 시기를 '1단어 단계', 단어 2개로 소통을 시작하는 시기를 '2단어 단계'라고 표기했으며, 1개 지시는 '1단계 지시(One step direction)', 2개 지시는 '2단계 지시(Two step direction)'로 통일하여 표기했습니다.

엄마도 너와 대화하고 싶어

mom
wants to talk
to you too

말을 못해 답답한 아이,
말이 늦어 조급한 부모를 위한
언어 발달 솔루션

표아름누리 지음

항상 나를 사랑으로 보듬어준 할머니와 부모님,
있는 그대로 존중해주시는 시부모님,
내 인생의 밑거름이 되어준 남편,

그리고 가치 있는 사람의 방향을 가르쳐준
소중한 세 딸들에게

Prologue

아이의 말이 느리다고
조급해하지 마세요

아이 낳기 전에는 내가 이렇게까지 화가 많은 사람이 아니고 성격도 꽤 좋았었는데……. 부모가 되고 난 후 절로 나오는 화를 삼키며 하루하루를 버티는 시기는 '마의 18개월'부터 시작되곤 한다. 난이도 최상인 육아 시기를 맞닥뜨리는 동안 부모는 내 안에 있는 또 다른 나를 발견하기도 하고 '우리 아이는 왜 이러는 걸까요?'와 같은 키워드로 아이의 상태를 검색하는 빈도도 늘어난다.

이 시기 아이들은 뭐든 다 자기가 하겠다고 나서고, 조금만 자기 뜻대로 안되면 바닥에 머리를 부딪치며 울고, 뒹굴고, 던지고, 소리 지른다. 이 모습을 보고 있노라면 말 그대로 '미치고 환장할 노릇'이다. 이쯤 되면 행복으로 가득 차야 할 육아는 어느덧 걱정과 한숨이 앞서게 되고, 지금이 제일 예쁠 때니 이 시간을 즐기라고 하는 주변인의 말도 점점 들리지 않는다.

일반적인 육아도 이렇게 힘든데 조금 유별나고 발달이 느린 아이를 키우는 부모들의 애로사항이 끊이지 않는 것은 어찌 보면 당연하지 않을까?

말이 느린 아이를 키우는 부모라면 "엄마 주세요 해야지. 자, 주. 세. 요. 말로 해봐!"라며 '말'에 주목한다. 눈맞춤이 짧거나 이름을 불렀을 때 반응을 잘 안 한다면 자폐스펙트럼을 의심하는 일도 흔히 볼 수 있다.

부모가 자연스럽게 자폐스펙트럼을 의심하는 건 발달과 관련된 육아 정보가 주변에 넘쳐날 만큼 많기 때문이다. 정보는 알수록 좋은 면도 있지만 반대로 부모를 초조하게 만들기도 한다. '우리 아이가 혹시?……'로 시작하는 의심, 그에 비롯된 초조함을 해결하기 위해 부모는 검증되지 않은 여러 가지 육아법을 아이에게 적용시키곤 한다. 이렇게 해라, 저렇게 해라, 이것만은 절대 하면 안 된다는 등의 육아 정보에 휩쓸려 부모의 마음은 이리저리 흔들리고 육아 또한 제멋대로 갈피를 잡지 못하게 된다. 더 이상 흔들리지 않기 위해 전문가를 만나보려 해도 짧게는 몇 개월, 길게는 몇 년을 기다려야 한다는 걸 알았을 때 부모는 힘이 빠진다.

미국, 캐나다, 한국 전 세계 어디를 보아도 치료 센터에서 상담을 받으려면 평균 1~2년을 기다려야 한다. 유명한 치료 센터는 5년을 기다려야 한다. 이런 현상의 원인은 다양하지만 그중 가장 큰 원인은 자폐스펙트럼에 대한 인식이 높아져 조기 진단을 받는 가정이 많아진 것으로 볼 수 있다. 어떻게 보면 자폐스펙트럼에 대한 인식이 긍정적으로 변하고 있다고 볼 수도 있지만 느린 아이를 키우는 부모들은 이런 뉴스나 통계를 보면 내 아이가 자폐스펙트럼에 속한다고 생각이 돼 더 속이 탄다.

일반적으로 자폐스펙트럼은 생후 36개월쯤 진단받는다. 일부 아이들은 생후 18개월 이전에도 뚜렷한 증상을 보이지만 '스펙트럼'이다 보니 장애의 범위 정도가 넓고 증상이 다양해 혼돈되는 때도 있고, 명확하게 구별하기 힘들다.

명확한 의학 진단을 내리기엔 애매하고, 정상 발달 범위 안에 들지 않는 우리 아이. 제대로 된 진단명이라도 있다면 어떻게 대처해야 하는지 알 수 있으니 지금보다 마음이 편했을까? 속 시원한 진단명을 받지 못하고 원인 불명의 언어 발달 지연이라는 소견만 들어온 부모는 이런 생각에 빠진다. '내가 우리 아이의 속도를 인정하지 못하고 예민하게 받아들이는 걸까?', '멀쩡한 아이를 아픈 애 취급하는 건 아닐까?'

아이의 발달 상태만 집착하느라 정작 중요한 것을 잊은 부모들이 있다. 그건 늦었다고 생각하는 지금도 아이를 위해 무언가 할 수 있다는 점이다. 생후 18~36개월에는 아이의 뇌 신경이 급격하게 발달하면서 언어 발달이 폭발적으로 일어나는 결정적 시기다. 그러나 아이 중에는 원래 말이 좀 느린 아이도 있고, 말의 필요성을 크게 못 느끼는 아이도 있다. 따라서 심증만으로 아이를 자폐스펙트럼으로 진단하고 방치하는 실수를 저지르지 않도록 주의하자.

아이의 진정한 성장은 부모가 아이의 발달 상태를 정확히 이해하고 문제의 근본 원인을 깊이 이해할 때 이루어진다. 언어 발달 전체를 결정짓는 시기에 내 아이를 객관적으로 볼 수 있는 시각을 갖고 적절한 언어 자극을 줄 수 있는 집안 환경을 함께 만들어 나가길 바란다.

나는 발달 지연의 근본 원인을 부모에게 알려줘서 불안을 덜어주고, 아이 스스로 자신을 돌볼 수 있게 하여 균형 잡힌 일상의 행복을 느낄 수 있게 하는 언어치료사다. 내 마음과 나의 역할이 고스란히 담긴 이 책이 언어 발달 정보를 분별할 수 있는 초석이 되어 주변의 말에 쉽게 흔들리지 않는 소신 있는 육아를 할 수 있길 바라며 내 아이의 전문가로서 아이에게 맞는 맞춤 육아법을 만들어 적용할 수 있기를 기대한다.

이 책은 4개의 파트로 나뉘어 있다. PART 1에서는 말이 느린 아이들에 대한 부모들의 다양한 궁금증을 함께 풀어보고, PART 2에서는 자폐스펙트럼으로 오해할 수 있는 말이 느린 아이들의 공통적인 특징과 사회적 의사소통 결함의 근본적인 원인을 분석

한다. PART 3에서는 전반적인 언어 발달의 흐름과 발달 특성에 따른 단계별 특징에 대해 다루고, PART 4에서는 발달 특성에 따른 올바른 언어 자극과 엄마표 맞춤형 언어 치료 전략을 세워보면서 내 아이의 전문가가 될 수 있도록 돕는다. 마지막 부록에서는 자폐적 임상 양상이 있는 아이의 특징과 그 아이들을 위한 의사소통 촉진법을 담았다.

부모로서 이미 당신은 우리 아이의 최고 전문가다. 부모는 대단한 능력도 화려한 경력도 필요하지 않다. 내 아이를 잘 키울 수 있다는 믿음과 확신만 있으면 된다. 비록 말은 느리지만 또래보다 잘하는 것이 분명히 있으며, 오늘도 아이는 자신만의 속도로 자라고 있다는 걸 기억하자.

간혹 치료 센터를 오래 다닌 부모는 우리 아이가 빨리 차도를 보이길 원한다. 그러면서 비슷한 시기에 치료를 시작한 다른 아이와 내 아이를 비교하기도 한다. 그럴 땐 과거와 조금이라도 달라진 아이의 현재 모습에 감사하는 마음을 갖자. 그 마음이 아이의 행복을 유지하는 데 꼭 필요하다. 부모와 아이가 마음으로 연결되어야 아이 안에 잠들어 있는 무한한 잠재력을 깨울 수 있고 행복하고 건강한 내일을 함께 꿈꿀 수 있다.

행복은 그리 멀리 있지 않다. 이 책을 읽고, 아이와 한 번 더 눈을 마주치고, 한 번 더 소통하며, 조급함 대신 편안한 숨을 내쉬길 바란다. 이 책이 삶과 육아에 지친 당신을 안전한 항구로 인도

해줄 한줄기 등대가 되길 바란다.

마지막으로 이 책이 말이 느린 아이를 키우는 부모에게 희망이 되길 바란다.

미국 공인 언어치료사
표아름누리

Contents

Prolouge | 아이의 말이 느리다고 조급해하지 마세요 006

말이 느린 아이를 키우는 부모들의 고민

말이 느린 우리 아이, 이대로 괜찮을까? 020 | 아이의 언어 발달을 막는 '기다려 보자'라는 말 020 | 늦은 언어 발달이 아이에게 끼치는 영향 022 | 언어 발달 지표인 생후 18~24개월 영유아 검진 023

언어 발달 치료에도 골든 타임이 있을까? 028 | 골든 타임 뒤에 숨겨진 치료의 핵심 029 | 마음이 잘 맞는 치료사를 만나야 하는 이유 032 | 언어 발달 평가의 중요성 035

말이 느린 게 아니라 다른 발달이 느린 걸까? 036 | 부족한 상호작용이 일으키는 사회성 발달 지연 037 | 사회적 관계를 만드는 소통의 즐거움 039 | 학습된 상호작용의 함정 041

우리 아이가 말이 느린 이유는 나 때문일까? 043 | 의사소통을 막는 과도한 미디어 노출 044 | 아날로그 생활에서 찾는 언어 자극 047 | 부모의 마음을 먹고 자라는 아이들 051 | 주입식 언어 자극 대신 놀이로 다가가기 053

우리 아이도 언어 치료를 받아야 할까? 056 | 언어 치료를 고려해야 할 아이의 특징 057 | 표현언어, 수용언어, 화용언어 발달의 필요성 058 | 개월별 언어발달 점검 060

| CHECK POINT 1 | 생후 0~12개월 언어 발달 064 |
| + PLUS CHECK | 3가지 주요 인지 발달 능력 체크 066 |

| CHECK POINT 2 | 생후 12~18개월 언어 발달 069 |
| + PLUS CHECK | 2가지 주요 인지 발달 능력 체크 071 |

CHECK POINT 3	생후 18~24개월 언어 발달 073
+ PLUS CHECK 1	생후 18~24개월 수용언어와 표현언어 075
+ PLUS CHECK 2	2가지 주요 인지 발달 능력 체크 076

| CHECK POINT 4 | 생후 24~36개월 언어 발달 078 |
| + PLUS CHECK | 1가지 주요 인지 발달 능력 체크 081 |

PART 2

소통의 어려움을 겪는 말이 느린 아이들의 특징
(자폐스펙트럼 의심)

감각이 지나치게 민감한 아이 084 | 감각에 몰두하는 예민한 아이 085 | 예민한 아이를 키우는 부모가 해야 할 일 088

혼자만의 세계에 빠지는 아이 090 | 각성 조절이 어려운 아이 090 | 정서가 불안정한 아이 094 | 정서가 불안정한 아이를 키우는 부모가 해야 할 일 095 | 자폐스펙트럼을 의심해야 하는 상황(사회성) 096

어디선가 들은 말을 자꾸 반복하는 아이 099 | 들은 말을 따라 하는 아이 100 | 질문을 이해하지 못하는 아이 101 | 게슈탈트 학습자 아이 103 | 반향어를 쓰는 아이를 위한 부모의 역할 105

고집이 세고 사소한 것에 집착하는 아이 106 | 아이가 일부러 고집부린다는 착각 107 | 정서적 자극이 부족한 아이 108 | 자폐스펙트럼을 의심해야 하는 상황(강박) 110

정상 발달을 보이다가 말문을 닫아버린 아이 111 | 언어 퇴행의 3가지 원인 112 | 자폐스펙트럼에서 나타나는 퇴행 114

`CHECK POINT 1` **감각통합장애 117**
`CHECK POINT 2` **사회적의사소통장애 119**

PART 3
언어 발달 특징 및 육아 태도 점검
(순차적 언어 발달)

언어 발달의 첫 번째 단계: 감각통합 126 | 각성 조절이 어려운 아이 127 | 2가지 반응 역치와 주요 특징 130 | ADHD와 감각처리장애의 차별점 133 | 감각통합을 위한 솔루션 136 | 아이의 마음을 이해하는 힘 137

언어 발달의 두 번째 단계: 기반 다지기 139 | 발화보다 중요한 언어 표현 이전 단계 140 | 의사소통의 기본 요소인 공동 주의력 141 | 상호작용의 형태와 중요성 143 | 말의 의미를 이해하는 수용언어 145 | 지시 사항을 수행하는 작업 기억력 145

언어 발달의 세 번째 단계: 모방의 유무 148 | 모방의 4가지 단계 149

> **CHECK POINT** 언어 발달 지연 vs 언어발달장애 구분법 153

마음의 문을 여는 다양한 소통 방법 155 | 아이의 눈높이에서 시작하는 가르침 156 | 잠재적 발달 영역에 맞춘 소통 놀이 158 | 아이의 모습을 인정하는 마음 161 | 더 나은 아이로 키우고 싶은 부모의 욕심 내려놓기 162 | 아이의 기질을 인정하는 마음 163 | 아이를 인정하기 전 나를 돌아보는 연습 165 | 내일 또 하고 싶게 만드는 동기 부여하기 169 | 확장된 놀이로 내적 동기 만들기 173 | 나에게도 내적 동기 선물하기 174

> **CHECK POINT** 우리 아이는 어떤 성향의 아이일까? 176

PART 4
말이 느린 아이를 위한 엄마표 언어 치료

언제든 할 수 있는 PDF 언어 촉진 상호작용 182 | 밀고 당기는 잠시 멈춤 놀이 183 | 엄마를 엄마라고 부르지 못하는 아이 186 | 말의 필요성을 느끼게 하는 욕구 지연 환경 제공 187 | 아이 반응을 유도하는 빈칸 채우기 놀이 189

쉽게 따라 하는 엄마표 언어 자극 193 | 아이와 연애하듯 주고받는 밀당 놀이 195 | 아이가 주도하는 놀이에 참여하기 200 | 스스로 놀이를 주도하는 ORP 법칙 202 | 오래 끓이고 천천히 식는 뚝배기 놀이 210 | 아이 놀이에 개입하지 않는 방법 212 | 아이 시선에 맞춘 단순한 설명하기 213

KNOWHOW 언어 발달을 자극하는 3가지 장난감 215

한시도 가만히 있지 못하는 큰 컵 아이 집중시키는 방법 224 | 활발한 신체 활동으로 에너지를 소모하는 감각 전략 225 | 감각을 깨운 직후 실행하는 해비 워크 228

안절부절못하는 작은 컵 아이 도와주는 방법 232 | 내면의 힘을 길러 잠자는 언어 잠재력 깨우기 233 | 불안을 줄이는 비언어적 소통 창구 마련하기 235 | 작은 성공과 루틴으로 안정감 만들어주기 237

지시를 잘 따르지 않는 아이 집중력 키우는 방법 242 | 청각 주의력과 작업 기억력의 관계 243 | 청각 주의력과 작업 기억력 업그레이드하는 소리 내기 246 | 1단계에서 다단계로 넘어가는 지시 수행 루트 짜기 249

의사 표현하지 않는 아이를 가르치는 방법 252 | 아이의 욕구를 해결하는 선택하기 252 | 의사소통을 자극하는 선택 유도하기 254

말을 따라 하지 않는 아이 모방 유도하는 방법 256 | 공동 주의력을 길러주는 행동 모방 256 | 소통의 의도를 알려주는 몸짓 모방(베이비 사인) 258

자발적으로 표현하지 않는 아이의 각성 깨우는 방법 263 | 자발어를 이끄는 결핍 상황 만들기 264 | 일상에서 결핍을 느낄 만한 장애물 만들기 265

KNOWHOW 말이 느린 아이, 어린이집에 적응시키는 방법 267

Epilogue | 아이가 필요한 사람은 용기 있는 부모다 269
부록 | 자폐스펙트럼의 3가지 특징 274 | 자폐스펙트럼 아이의 상호작용 유도하는 5가지 방법 279
참고문헌 | 294

· PART 1 ·

말이 느린 아이를 키우는 부모들의 고민

말이 느린 우리 아이,
이대로 괜찮을까?

"좀 더 기다리면 괜찮아질까요? 아니면 다른 병원에 가서 진단을 다시 받아야 할까요?" 이 질문을 한다는 건 병원을 다녀왔어도 어째서인지 마음 한구석이 편치 않기 때문일 것이다. 아이마다 양육 환경 및 성장 속도가 다르기 때문에 이 질문에 명확한 답을 내리긴 어렵다. 다만 아무런 조치 없이 마냥 말이 늘기를 기다리는 것은 현명한 선택이 아니라고 말하고 싶다.

아이의 언어 발달을 막는
'기다려보자'라는 말

"걱정하지 말고 기다려봐. 우리 애도 말이 느렸어!" 흔히 육아 고수라는 지인들에게 이런 말을 들으면 다행이라는 생각이 든다. 아무래도 나만 겪는 일이 아니라는 안도감과 우리 애도 시간이 지나면 나아질 수 있다는 희망이 생기니까.

그런데 마냥 속이 편하지 않다. 왜 그런 걸까? 그건 말이 왜 늦으며, 지금 어떤 발달 상태에 있는지 모르기 때문이다. 이 질문은 아이 행동에 문제가 있다고 여겨질 때 아이에게 어떤 도움을 줘야 할지 모를 때마다 맞닥뜨리게 된다. 그리곤 기다려야 할지 진료를 받아야 할지 또다시 고민하게 된다.

만약 부모 자신이 아이의 언어 발달 상태에 합리적인 판단이나 선택을 하고 있는지 확신할 수 없다면 반드시 언어발달평가를 받아보길 바란다. 그 이유는 단순하다. 아이를 가장 잘 아는 사람은 부모이기에 부모의 직감에 귀를 기울여야 한다. 남의 말은 남의 말이며, 남의 상황일 뿐이다. 만약 당신의 아이가 지금보다 훨씬 잘 지낼 수 있는 방법이 있다면 가만히 있겠는가. 그러니 조금이라도 의심되는 부분이 있다면 아이를 위해 적극적으로 치료 방법을 찾아야 한다.

언어 발달이 현저히 지체된 게 아니라서 조금 더 기다리기로 마음먹을 수 있다. 실제로 일부 연구에 따르면 말이 느린 아이 중 70%는 시간이 지나면 자연스럽게 말이 트이고 또래와 똑같이 언어 발달이 이뤄진다고 한다. 하지만 나머지 30%는 발달장애를 겪는다.

우리 아이가 70%에 속할지 30%에 속할지는 시간이 지나야 알 수 있다. 70%에 희망을 걸고 기다린다면 곰곰이 생각해보자. 우리 아이의 어떤 면 때문에 '언어 발달'을 검색하고 자료를 찾아보았는지. 기다리기로 결정했으나 마음 한구석이 왜 찜찜한 건지, 늦은 밤까지 포털사이트에 아이의 행동 특징을 검색하고 자료를 찾아보는 이유가 무엇인지 말이다.

이럴 때는 무작정 기다리지 말고 진료 예약을 걸어보자. 말이 느린 데는 다양한 원인이 있으므로 기다리는 동안 '말이 느린 근본적인 원인에 대해 이해하려는 노력'과 '그에 맞는 양육 계획'을 세워야 한다.

늦은 언어 발달이
아이에게 끼치는 영향

말이 느린 아이 중 미취학 아동들은 '또래 관계'에 어려움을 겪는다. 왜냐하면 자신의 욕구와 생각을 표현할 수 있는 어휘가 적어 언어로 의사소통을 원활하게 할 수 없기 때문이다. 그래서 친구를 때리거나 답답한 마음에 표현 자체를 안 하는 등 행동으로 마음을 보여준다. 또래 친구들과 어울리지 못하는 상황이 반복될수록 아이는 심리적인 어려움을 느끼고 부정적인 자아상을 갖게 된다.

　　언어 기초 능력이 부족한 상태로 학령기에 접어들면 듣기, 쓰기, 읽기 및 다양한 학습 발달과 관련된 문제가 뒤따라온다. 특히 초등학교 고학년에 접어들면 개념과 추론 언어를 주로 사용하는 학습을 잘 따라가지 못하며 언어 발달과 밀접하게 닿아 있는 인지 능력 또한 영향을 받는다. 우리가 흔히 말하는 학습장애를 초래하는 것이다.

　　부모가 아이의 언어 발달을 점검하고, 언어 발달의 기초를 탄탄하게 세워줘야 하는 이유는 언어가 세상과 소통하며 지내는 데 꼭 필요한 기본 요소이기 때문이다. 언어 능력은 벽돌로 집을 짓는 것과 같다. 오랜 시간 탄탄하게 기초 작업을 한 뒤에 기둥을 세우고 지붕을 올리는 것처럼 언어 발달도 기초 실력을 갖춰야 다음 단계로 넘어갈 수 있다. 따라서 언어 발달이 지연되면 '우리 아이가 좀 느린가 보다'라며 일관하지 말고 재빠르게 치료를 받아 언어 발달 기술을 습득해야 한다.

언어 발달 지표인
생후 18~24개월 영유아 검진

　　생후 18개월 전후는 아이의 자아가 형성되는 시기다. 두 발로 걸어다니며 주 양육자에게서 독립하고 싶은 마음이 생기고, 자기주장이 강해져 무엇이든 자기 뜻대로 하려는 모습을 보인다. 그러나 왕성한 탐색 욕구에 비해 신체 발달은 미숙하고, 하고 싶은 건 많아도 뜻대로 되는 게 없으니 부모에게 의존하며 매달리는 양가적인 모습을 보인다. 그래서 생후 18개월을 흔히 '제0의 사춘기', '싫어병', '아니야병', '내가할래병' 등의 수식어를 붙여 설명하기도 한다.

하고 싶은 것, 원하는 것, 가고 싶은 곳이 많아지는 이 무렵의 아이는 정말 한시도 눈을 뗄 수 없는 존재가 된다. 가령 엄마의 손을 잡지 않고 혼자 이리저리 뛰어다니거나, 위험한 행동을 하지 못하게 아이의 이름을 다급하게 부르거나, 제멋대로 행동하는 아이를 낚아채는 등 아이의 행동을 통제해야 하는 상황이 자주 발생한다.

이때부터 그전에는 알지 못했던 아이의 모습이 조금씩 관찰된다. 수십 번씩 이름을 불러도 아이가 잘 돌아보지 않고, 하지 말라고 몇 번이고 주의를 줘도 뒤돌아서면 같은 행동을 반복하는 아이를 보면 치료 센터를 방문할까 고민이 앞선다.

아이들에게 어떤 행동을 하지 말라고 주의를 줬음에도 같은 실수나 행동을 반복하는 것은 '지금', '현재', '내 눈앞에 있는 것'에만 관심을 쏟기 때문이다. 이 모습은 성장 과정에서 볼 수 있는 흔한 사례다. 부모 성향에 따라서 이것을 대수롭지 않게 여기기도 하고, 예민하게 받아들이기도 하는데 후자라면 생후 18~24개월 영유아 검진 결과에 매달리기 마련이다.

이 시기에 진행하는 영유아 검진에서는 아이가 몇 단어를 사용할 수 있는지, 어느 정도 말을 할 수 있는지 같은 언어 발달과 관련된 질문을 받는다. 여기에서 가리키는 '단어'란 아이가 의도를 가지고 일관되게 적절한 상황에서 사용하는 표현을 뜻한다. 예를 들어 '우와' 같은 감탄사, 강아지 대신 쓰는 '멍멍'과 같은 의태어, 두 손을 뻗어 '주세요'를 표현하는 몸짓 언어 또는 베이비 사인Baby sign: 아직 말을 하지 못하는 아기와 의사소통을 하기 위하여 서로 주고받는 몸짓이나 표정 따위의 신호도 단어에 포함한다. 만약 아이가 '물'과 'Water'를 둘 다 사용할 수 있다면 2개의 단어를 쓰는 셈이다.

앞에서 언급한 단어의 정의 외에 영유아 검진 시 부모가 꼭 알아야 할 게 있다. 바로 '어휘력 이정표' 보는 법이다. 이게 왜 중요한지 예를 들어보겠다. 생후 18개월 된 아이의 언어 발달 지연이 의심되어 영유아 검진을 받은 부모가 있다고 가정해보자. 아이는 현재 10개의 단어를 사용할 줄 아는 상태이다. 그런데 영유아 검진 어휘력 이정표에서 생후 18개월 된 아이는 10개의 단어를 사용한다고 한다 .이때 의사가 "아슬아슬하게 통과했으나 어떤 결정을 내리기에는 아직 이르니 좀 더 지켜보시죠"라고 말했다면 어떻게 해야 할까. 얼떨결에 치료 유무 결정권이 부모의 손으로 들어오게 된다. 그러면 부모는 좀 더 기다려주고 싶은 마음

반, 치료 센터를 알아보고 싶은 마음 반이 될 것이다. 하지만 위와 같은 사례라면 실제로 아이의 언어 발달은 현저히 뒤처진 상태임을 의미한다.

연령별 언어 발달 이정표를 볼 때 '이정표'와 '평균' 두 용어는 다른 뜻이라는 걸 알아야 한다. '이정표'는 특정 연령에 최소한으로 달성해야 하는 지점, '평균'은 중간 지점이다. 이정표란 성별 상관없이 아이들 중 90%가 특정 연령에 할 수 있는 기능을 말한다. 반면 평균은 아이들 중 50%가 특정 연령에 할 수 있는 기능을 말한다. 예를 들어 생후 18개월이 되면 적어도 10개 단어(이정표)는 해야 하고, 평균적으로는 50개 단어를(평균) 사용할 수 있다는 의미다. 50이라는 숫자는 말 그대로 '평균'이라서 50개의 단어보다 훨씬 많은 개수의 단어를 사용하는 아이들도 있다는 뜻이다.

이 용어를 제대로 이해하지 못해 치료를 늦게 시작하는 경우가 참 많다. 아이의 의사소통 능력이 이정표보다 뒤처진다면 반드시 전문가의 평가를 받아보고, 필요시 적절하게 개입해야 한다.

"부모 손이 많이 갈수록 건강한 아이예요", "이땐 집중력이 짧아 산만하게 보일 수 있지만 점점 좋아져요", "발달 지연이 있는 것 같지만 아직 어려서 확진을 내리기 힘들어요"라는 말에 안심하지 말자. 이 시기는 부모가 아닌 다른 또래에게도 관심을 보이며 사회성이 본격적으로 발달하는 시점이라 그냥 지나치면 안 되는 중요한 때다. 아직 말이 트이지 않은 아이라면 말이 느린 이유가 오로지 언어 발달만의 문제인지 다른 발달 문제로 언어 사용에 어려움을 보이는지 파악해야 한다.

앞서 말한 생후 18개월 전후의 모습은 모든 아이가 성장 과정에서 보일 수 있는 양가적인 행동이지만, 부모의 불안을 일으키는 특정 행동이 아이의 일상생활을 저해할 정도로 3개월 이상 지속된다면 지체 없이 전문가를 만나 상담해보기 바란다.

충치를 치료하지 않고 계속 둔다면 심각한 치아 손상으로 이어질 수 있다. 그래서 충치를 발견했을 때 빨리 치료를 받아야 한다. 언어 발달도 마찬가지다. 언어 발달 지연이 발견됐을 때 치료를 하지 않으면 인지 발달, 정서 발달, 학습 발달 등 여러 가지 2차적인 문제가 발생한다. 충치 치료처럼 언어 발달 지연을 막기 위해서는 지속적으로 발달 수준에 맞는 자극과 환경을 마련해야 한다.

말이 느림에도 병원에서 좀 더 지켜보자고 했다면 아이의 언어 발달이 호전되길 기다리는 동안 이 책을 읽고 아이가 어떤 단계에서 어려움을 겪는지 파악해보자.

언어 발달 치료에도 골든 타임이 있을까?

소위 전문가가 말하는 언어 폭발 시기, 언어 황금기는 일반적으로 뇌 신경이 급격하게 발달하는 생후 18~36개월을 말한다. 이때는 언어를 스펀지처럼 빨아들이며 습득하고, 어휘력도 급격히 증가한다. 발달이 느린 아이는 언어 황금기인 생후 36개월 이전에 치료를 받아야 좋은 효과를 얻을 수 있다.

그래서인지 아이가 생후 36개월에 가까워지면 부모의 마음은 말로 표현할 수 없을 정도로 두렵고 불안하다. 심지어 이 시기가 지나면 모든 게 끝날 것 같은 절망감도 든다. 하지만 생후 36개월 이후에 말이 트이는 아이도 있고 더 늦게 트이는 아이도 있다. 그러니 지금 당장 우리 아이의 언어 발달 상태를 속단하거나 나를 탓하며 좌절하지 않기를 바란다.

세상에 나쁜 부모는 없다. 처음이니 모르고 서툴 수는 있어도 부모 대부분은 할 수 있는 모든 것을 동원해 자식에게 최선을 다한다. 아이의 상황을 이해하고 문제점을 해결하기 위해 애쓰는 마음만 있다면 당신은 충분히 좋은 부모다.

골든 타임 뒤에 숨겨진
치료의 핵심

생후 36개월 이전은 언어 발달이 가장 활발하게 일어나는 황금 같은 시기여서 빨리 언어 치료를 시작하면 좋다. 하지만 치료 시기, 말이 트이는 시기보다 더 중요한 게 있다. 말이 왜 트이지 않는지 '언어 발달 지연의 근본 원인'과 '치료에 대한 부모의 태도'를 점검하는 일이다.

먼저 언어 발달이 지연되는 원인을 알아보겠다. 일반적으로 아이들은 생후 3~6개월경에 옹알이를 하고, 생후 12개월 전후로 첫 단어를 말하고(엄마), 생후 24개월 전후에 2개 단어를 붙여 말하며(빠방+타, 맘마+먹어), 생후 36개월 전후로 3개 이상의 단어로 문장을 만들어 말할 수 있다(고양이+우유+마셔). 단순히 말이 늦은 아이라면 시간만 조금 지체될 뿐 이와 같은 언어 발달 과정을 따른다.

부모나 가족 중 누군가가 어렸을 때 말이 늦었다면 자녀도 비슷한 유전적 특성이 있을 수 있다. 더러 남자아이가 여자아이보다 말이 조금 늦게 트이기도 하지만 몇 개월 정도의 차이일 뿐 정상 범위 안에서 언어를 습득한다.

단순히 말이 늦거나 유전적 문제로 말이 늦는 게 아니라면 아이가 어느 발달 과정에 머물러 있는지, 다음 발달 과정으로 넘어가지 못하는 이유가 무엇인지 구체적으로 살펴봐야 한다. 왜냐하면 발달에도 단계가 있어서 하나의 발달 과정을 건너뛰고 다음 과정으로 넘어가긴 어렵기 때문이다. 다시 말해 태권도에서 흰띠, 노란띠, 파란띠, 빨간띠, 검은띠 순서로 등급이 올라가는 것처럼 언어도 신생아 때부터 말이 트이기까지 각각의 과정을 거쳐야 발달이 이뤄진다.

간혹 노란띠 수준의 발달 단계에 있는 아이에게 빨간띠 단계에 수행하는 언어 자극을 주는 부모가 있다. 이 아이는 그 자극을 받아들일 수 있을까. 아닐 것이다. 부모 또한 아이가 치료를 받아도 나아지지 않는다고 생각해 마음이 더욱 조급해질 것이다. 언어 발달 지연의 근본 원인을 정확히 파악하는 것, 이것이 치료의 핵심 중 하나이다.

다음으로 치료에 대한 부모의 태도를 점검해보자. 부모의 태도란 아이의 언어 발달에 대한 이해, 치료 과정의 이해, 치료를 진행할 때 부모가 적극적으로 참여하는지 소극적으로 참여하는지를 본다. 아이의 언어 발달은 부모의 적극적인 태도에서 비롯된다고 할 수 있다.

언어 치료를 받고 있지만 큰 발전이 없어서 전반적으로 만족도가 낮다면 3가지를 확인해보자. 하나, 언어 치료를 얼마나 했는가. 둘, 치료의 장기 계획과 단기 계획은 무엇인가. 셋, 치료에서 사용하는 다양한 언어 촉진법을 가정에서도 꾸준히 사용하고 있는가.

진료실을 방문하는 부모 중 대부분은 아이가 치료를 시작한 지 6개월이 채 지나지 않았거나 치료실을 자주 바꾼 사람들이다. 그중 가장 안타까운 사례는 1년 가까이 치료를 받았음에도 부모가 아이의 언어 치료의 장기 목표와 단기 목표를 전혀 모르고 있었던 경우다.

언어 치료를 진행하기 전 치료사는 가장 먼저 언어발달평가 결과와 주 양육자의 고민을 Parental concern을 토대로 장·단기 목표를 세운다. 장기 목표란 대략 1년 동안 아이의 언어 능력을 어느 정도 성장시키고 싶은지에 대한 계획이고, 단기 목표는 그 장기 목표를 실현하기 위해 3~6개월 동안 아이의 언어 능력을 어떻게 끌어올릴지에 대한 계획이다. 말을 가르칠 때 목표가 정확해야 아이도 정확하게 말을 배울 수 있다. 목표에 대해 모르고 있거나 잘 기억이 나지 않는다면 언어치료사(이하 치료사)에게 꼭 물어봐야 한다.

치료사에게 아무런 질문도 하지 않는 부모도 있다. 언어 치료는 부모와 아이가 함께 협력해야 계획한 목표에 닿을 수 있기에 궁금한 점이 있다면 치료사와 끊임없이 상의해야 한다. '이런 질문을 해도 되나'라는 생각이 들 정도로 사소한 질문도 괜찮다.

막상 치료사 앞에 앉으면 하려던 질문도 생각나지 않을 수 있다. 그러면 언어 발달 지연으로 인한 어려운 상황을 그때그때 메모해두고 치료 센터에 갈 때 질문지를 가져가자. 작은 행동이지만 큰 도움이 될 것이다.

언어 치료를 받고 있는데도 변화를 느끼지 못한다면 치료사와 얼마나 소통하는지, 치료에서 배운 것을 일상에서 잘 적용하는지 고려해야 한다. 보통 치료는 주 1회, 50분 정도 받고 많으면 주 2회를 받는다. 평균 일주일에 1~2시간 정도 치료를 받는 꼴이니 큰 변화를 기대하기엔 시간이 터무니 없이 부족하다. 그래서 부모 교육이 병행되어야 한다. 치료를 받는 시간 외에 나머지 시간을 부모가 아이를 도와줘야 성장하고 발전할 수 있다.

마음이 잘 맞는 치료사를 만나야 하는 이유

앞서 말한 치료의 핵심을 잘 이해하고 따랐음에도 아이의 언어 발달에 차도가 없다면 치료사의 접근 방식과 부모 참여 교육을 살펴봐야 한다. 모든 관계는 쿵짝이 잘 맞는 궁합이 있는데 치료사와의 관계도 예외는 아니다. 언어 치료를 집에서도 실천하고 있지만 치료를 시작한 지 6개월이 넘었는데도 차도가 없다면 치료사의 접근 방식이 우리 가정에 적합한지 확인해야 한다.

모든 관계가 그렇듯 아이와 잘 맞거나 잘 맞지 않는 치료사가 있을 수 있다. 아이와 잘 맞는 사람을 찾았더라도 치료를 받기까지 오랫동안 대기해야 해서 치료 센터를 선택하는 것도 바꾸는 것도 쉽지 않다. 특히 유명 치료사가 있는 치료 센터는 대기자가 많아 자기 차례가 언제 올지 기약이 없어 이도 저도 못하고 시간만 버리는 경우도 종종 있다.

현재 아이의 치료 센터를 찾는 중이라면 센터의 유명세보다 내 아이와 잘 맞는 곳을 선택하고 아이와 치료사가 서로를 알아가고 안전한 관계를 맺을 수 있게 충분히 기다려주자. 간혹 어떤 치료사는 차분하게 조곤조곤 말하는가 하면 어떤 치료사는 에너지가 넘치는 활발한 스타일일 수도 있다. 아이가 다니는 센터의 치료 방법이 마음에 들지 않을 수 있으나 모든 치료사에게는 반드시 배울 점이 있다. 이 생각을 바탕으로 치료사가 아이에게 가르치는 것을 잘 보고, 듣고, 기억해서 집에서도 가르칠 수 있도록 '내 것'으로 만들어야 한다.

그러기 위해서는 현재 발달 수준에 맞는 기준을 명확하게 세워야 하며, 기준을 세우기 위해서는 아이의 현재 언어 발달 수준을 정확히 파악하고 있어야 한다.

그럼에도 아이의 언어 발달에 진전이 없다면 아이가 치료센터 환경이나 치료사에게 거부감을 느끼고 있는지, 개별적인 필요성에 맞게 치료 활동이 조절되는지, 다른 병리적인 문제가 있는지 살펴봐야 한다.

다른 치료사를 찾아야 한다면 유명한 사람보다 아이와 잘 맞는 치료사를 찾는 것이 아이와 부모 모두에게 이롭다. 보통 운동하기 전에 나와 잘 맞는 운동 센터를 알아보고, 퍼스널 트레이너를 찾아 등록한다. 퍼스널 트레이너는 센터 안에서 현재 내 몸 상태에 맞는 올바른 운동 방법과 식단을 알려주고 센터 밖에서는 내가 식단을 잘 지키고 있는지, 언제 운동하러 올 것인지 등 나의 건강과 관련된 스케줄을 확인한다. 이런 의미에서 본다면 언어치료사는 퍼스널 트레이너와 비슷하다.

퍼스널 트레이너가 만들어준 프로그램을 집에서도 실천하고 적용해야 몸의 변화가 보이는 것처럼 언어 치료도 치료사와 부모, 아이가 한 팀이 되어 발달 목표를 달성하기 위해 집에서도 꾸준히 언어 발달에 관한 모든 것을 실천해야 한다. 목표를 달성하기 위해 각 자리에서 책임을 다하고 협력했을 때 가장 좋은 성과를 낼 수 있다. 이 모든 과정은 치료사와 부모님의 대화로 이루어지기 때문에 궁금한 점과 염려되는 점 등을 물어보고, 적극적으로 치료에 개입하고 참여해 배운 것을 일상생활에 적용해야 한다.

언어 발달 평가의 중요성

말만 느린 것이 아니라 다른 발달장애 증상을 동반하는 경우도 있다. 이런 경우는 극적인 변화를 보여주지 않기 때문에 무작정 발달이 호전되기를 기다리는 것보다 적절한 타이밍에 그에 맞는 치료를 받을 수 있도록 해야 한다.

혹시 좋지 않은 결과를 받을까 무서워 한 번도 언어 발달 평가를 받아보지 않았다면 아이를 위해서 꼭 평가를 받아보길 바란다. 평가를 받으면 어떤 도움을 어떻게 줘야 아이가 한 걸음 더 성장할 수 있는지 방향성을 잡을 수 있다. 방향성이 잡히면 부모의 마음이 한결 편안해지고 마음이 편안해지면 아이를 보는 시선과 대하는 태도가 달라질 것이다.

지금 우리 아이가 또래에 비해 몇 개월 늦는지 비교하는 것은 욕심과 불안만 불러오기 마련이다. 발달 속도는 중요하지 않다. 발달 속도가 늦더라도 어디로 가야 하는지 방향을 아는 것이 중요하다.

부모는 아이에게 올바른 방향과 언어 자극을 제공해주는 길잡이가 되어야 한다. 언어 치료의 결정적 시기가 지났다고 해서 좌절하고 손을 놓는 건 부모의 역할이 아니다. 부모의 역할은 아이의 가능성을 믿고 잠재력을 발휘하도록 돕는 것이다. 변화는 믿음과 신뢰에서 시작되고 아이는 믿는 만큼 성장한다.

말이 느린 게 아니라
다른 발달이 느린 걸까?

아이가 또래보다 말이 느려도 조급한 마음을 먹지 않은 부모도 있다. 하지만 어린이집이나 유치원 같은 기관에서 아이가 문제를 일으켰다는 얘기를 들으면 걱정이 앞선다. 말만 조금 느린 줄 알았는데 같은 반 아이들과 잘 어울리지 못하고, 줄을 서야 하는데 혼자만 뛰어다니고, 그림 그리는 시간에 색연필을 바닥에 던지는 아이를 보면 말이 느려서 저러나 싶어 하루라도 빨리 말을 가르치려고 한다. 그런데 '말만 가르친다고 상황이 나아질까?'란 생각이 들면 이 모든 상황은 말 때문이 아닐 수도 있다는 두려움이 몰려온다. 이럴 땐 어떻게 해야 할까.

부족한 상호작용이 일으키는
사회성 발달 지연

툭하면 소리 지르고, 때리고, 던지며 고집부리는 우리 아이. 집에서는 어느 정도 받아주고 넘어갈 수 있지만 밖에서도 그렇다면 사회성에 문제가 생길 게 분명하다. 이참에 훈육이라도 해보려 하지만 말이 통하지 않으니 답답하기만 하다. 할 수 있는 건 "울지 말고 말로 해. 말로 해야 엄마가 알아듣지!", "빼앗지 말고 말로 하라고 했지! 그렇게 하면 친구들이 너랑 안 놀아!"라며 아이와 싸우는 것 뿐이다. 부모는 왜 아이가 짜증을 내면서 소리를 지르는지 도통 이해할 수 없고, 아이는 아이대로 욕구를 해소하지 못해 울음으로 감정을 표현한다.

단체 생활을 하고 적응하는 데 지속해서 문제가 나타나거나, 문제 행동으로 기관에서 퇴소당하거나, 주 양육자 외 다른 사람과 상호작용이 질적으로 떨어지는 모습이 관찰되면 '사회성 발달 지연'을 의심해야 한다. 사회성이란 원활한 인간관계를 유지하는 능력이고, 사회성 발달 지연은 사회적 질서가 포함된 집단 생활에 적응이 느린 것을 말한다.

사회성 발달 지연을 겪는 아이는 부모와 상호작용이 충분하지 않았거나 바르지 못한 상호작용을 학습했을 가능성이 높다. 사회성 발달 지연이 포착된다면 질적인 상호작용을 해왔는지 돌아봐야 한다.

상호작용 중에 특히 '눈맞춤'과 '호명 반응'은 언어 발달을 가늠하는 데 아주 중요한 기준이다. 눈맞춤과 호명 반응은 아이가 상호작용을 할 준비가 되어 있다는 신호다. 이것이 약하다면 아직 상대와 소통할 준비가 되어 있지 않다는 뜻이고, 이 상태로 시간이 지나면 소통의 기회가 줄어 대화하는 데 어려움을 겪게 된다. 만 2세 이전의 아이라면 이름을 불렀을 때 고개를 완전히 돌리고 부모의 눈을 정확히 쳐다보는지 관찰해보자.

단체 생활에서 문제 행동을 보인다면 밥 먹기, 손 닦기와 같은 기초 생활 습관부터 잡아주고, 순서 지키기와 기다리기 같은 사회 규칙을 가르쳐야 한다. 집 밖에서 생활할 때 어려움을 겪는 가장 큰 원인은 사회 규칙을 지키는 게 어렵기 때문이다. 사회 규칙은 사람과 함께 어울리면서 배우는데 또래 관계에 어려움이 있는 아이라면 사회 규칙을 배울 기회가 적을 수밖에 없다.

아이가 요구하지 않아도 부모가 알아서 척척 다 해주거나 울리지 않으려고 아이에게 모든 걸 맞춰줄수록 아이는 사회 생활에서 어려움을 겪는다. 음식을 혼자 먹을 수 있게 유도하고 흘린 것은 스스로 치울 수 있게 도와주는 것부터 시작해보자.

아이는 부모가 기다려주는 만큼 배운다. 부모 눈에 아이는 하나부터 열까지 도움이 필요한 아기로 보일 수 있으나 아이는 어른이 생각한 것보다 훨씬 더 강하고 영리하다는 걸 기억하자.

사회적 관계를 만드는
소통의 즐거움

아이들은 부모 외에 형제자매, 친구, 선생님 등 다양한 사람과 상호작용을 하며 사회적 기술을 배운다. 우리는 이를 '사회성'이라 부른다. 사회성은 타고난 능력이 아니라 경험으로 습득하기 때문에 말이 느리면 사회성에 문제가 생기기도 한다.

생후 36개월 이전의 아이는 옆에 있는 친구를 관찰한다거나 관심 있는 장난감을 가지고 '혼자' 노는 모습을 보인다. 하지만 생후 36개월부터는 친구와 함께 놀며 서로 짧은 대화도 하고 장난감도 주고받으며 '같이' 놀기를 시작한다. 이때 친구들과 갈등을 일으키지 않고 놀기 위해서는 그동안 조금씩 쌓아온 사회성을 발휘해야 하는데 말이 느린 아이는 말로 의사를 표현하기 어려워 또래와의 관계에 어려움을 느낀다.

관계 형성에 어려움을 보이는 아이라면 언어 발달에 집중하기보다 먼저 '가정에서 소통의 즐거움'을 느낄 수 있도록 도와줘야 한다. 우리가 처음 소속되는 집단은 '가정'이다. 작지만 가장 중요한 가정이라는 공동체 안에서 심리적 안정감을 느낀 아이는 가정이란 울타리를 나가도 잘 적응할 수 있다.

표현 능력이 부족한 아이는 대개 몸이 먼저 나가기 때문에 가정에서는 통제와 지적을 많이 했을 것이다. "빨리 일어나", "셋

셀 동안 그만해", "빨리 치우고 손 닦아", "가만히 좀 앉아 있어 봐", "얼른 자" 등 하루에 아이에게 하는 말 대부분이 지시어가 아닌지 되돌아보자.

통제와 지적을 많이 했다면 하루에 딱 10분이라도 아이와 눈을 맞추고 감정을 공유하며 소통하는 시간을 보내자. 아이가 재미있어 하는 행동을 취하고 함께 크게 소리 내어 웃는 시간, 두 팔 벌려 꼭 안아주는 시간, 팔베개를 해주며 잠시 같이 누워 있는 시간 등 말을 하지 않아도 같은 감정을 공유하는 시간이라면 무엇이든 좋다.

아이와 부모가 나누는 정서적 교감은 아무리 강조해도 지나치지 않다. 이때 언어에 집착할 필요는 없다. 언어는 단지 소통을 하는 데 필요한 수단 중 하나일 뿐이다. 비언어로 감정적 유대 관계를 형성하면서 소통 능력을 키워주면 덩달아 사회성도 자연스럽게 좋아진다.

가정 외에 아이가 처음 소속되는 공동체는 '학교'다. 학교에서는 사회적 기술이 필요하다. 사회적 기술이란 차례 지키기, 문제 해결, 책임감, 배려, 도움, 협동 등 자신이 속한 사회에서 잘 적응할 수 있게 도와주는 능력을 말한다. 사회적 규칙과 특성은 '놀이 하는 과정'에서 배운다.

말이 느린 아이는 놀이 경험이 적을 가능성이 높다. 말이 느려서 행동으로 의사 표현을 하고, 자신의 규칙대로 친구가 따라

주지 않으니 소리를 지르고, 친구들과 말도 잘 통하지 않으니 잘 어울리지 못하고 결국 주변만 맴돌다 혼자 노는 경우가 많다.

또래와 관계를 쌓을 때 상처받은 경험이 많다면 부정적인 자아상을 갖게 되고, 작은 실패와 어려움을 딛고 일어설 힘이 약해진다. 반대로 또래와 상호작용하며 소속감을 느낄 때 건강한 자아상을 갖게 되고 자신이 가진 능력을 마음껏 펼칠 수 있다. 같은 반에 있는 모든 아이와 잘 지내는 '인사이더'보다 소수의 친구들과 소통하더라도 상대의 입장을 배려하며 어울려 노는 것이 더 중요하다.

학습된 상호작용의 함정

익숙한 사람과 비슷한 방식으로 결과가 예측되는 소통을 '학습된 상호작용'이라고 한다. 만 2세 이상의 아이들 중 집에서는 어느 정도 소통하는 모습을 보이는 데 집 밖에서는 소통이 잘되지 않는 아이들이 이런 경우다.

예를 들어 병원 놀이를 할 때 아이가 항상 의사 역할을 하며 아픈 환자에게 주사를 놓고 약을 주며 놀이를 끝내거나, 목욕을 할 때 매번 엄마가 문어 역할을 맡고, 아이는 문어를 잡아먹는 상어 역할을 하는 사례를 살펴보자. 특정 상황에서 자신이 매번 들었던 말을 되풀이하는 행위가 부모의 입장에서 상호작용이 잘된다고 느낄 수 있지만 아이의 행동에 정해진 순서가 있는지, 역할놀이를 다른 방식으로 진행한다면 아이가 어떤 반응을 보이는지 관찰해야 한다.

학습된 상호작용의 또 다른 특징은 아이가 쓰는 어휘와 문장이 '주세요', '일어나'처럼 간단하고 제한적이며, 같은 상황에서 같은 반응을 하고, 질문을 하지 않는다는 것이다.

언어 발달은 다양한 환경과 사람, 사물에 의미를 부여해 서로 정보를 주고받는 과정에서 향상된다. 매번 같은 레퍼토리 속에서는 의사소통 능력을 키울 수 없음을 기억하자.

우리 아이가 말이 느린 이유는
나 때문일까?

레스토랑에서 아이에게 스마트폰을 주고 1시간 넘게 성인끼리 시간을 보내는 장면은 흔히 볼 수 있는 모습이다. 나는 그러지 않을 거라고 굳게 다짐했지만, 이런 저런 핑계를 대며 아이에게 못 이기는 척 스마트폰을 준 건 아닐까?

스마트폰, 태플릿PC 등의 제품은 아이를 키우는 우리와 애증의 관계다. 편리함을 주지만 아이들 손에만 쥐여지면 걱정거리가 되어버리는 디지털 기기. 디지털 시대에 태어난 아이들에게 미디어 노출은 어떤 영향을 줄까?

의사소통을 막는
과도한 미디어 노출

말은 반복적인 노출을 통해 습득되므로 아이를 끊임없이 말이 나오는 미디어에 노출시킨다면 아이는 부모와의 대화에서 듣지 못한 새로운 단어를 배울 수 있다. 그러나 미디어는 아이가 무슨 생각을 하든 상관하지 않고 쉼 없이 자극을 주는 일방적인 소통 방식을 취한다.

이게 문제다. 아이가 말을 배우는 데 있어 중요한 것은 몇 개의 단어를 습득하고 말할 수 있는지가 아니라, 오고 가는 의사소통 능력이다. 다시 말해 미디어를 통해 '상어', '사과', '빠방(자동차)'과 같은 다양한 단어나 '배고파', '주세요', '내 거야' 같은 다채로운 표현을 습득했다 하더라도 적절한 상황에서 쓰지 못하면 배운 의미가 없다는 뜻이다.

많은 부모가 아이를 낳기 전에는 최대한 미디어 노출을 늦게 할 거라고 다짐한다. 그러나 현실 육아를 맛본 사람이라면 생후 1년 동안 미디어에 노출하지 않고 지낸다는 게 얼마나 힘든 일인지 이해할 것이다.

집에서 절대 미디어를 보여주지 않더라도 아이는 자연스럽게 친구 집에 놀러가서 TV나 유튜브 영상을 볼 수 있고, 식당에서 옆 테이블에 앉은 아이가 보는 스마트폰이나 태블릿PC에서 나오는 영상을 의도치 않게 같이 볼 수 있다. 심지어 아파트 엘리베이터에 부착된 광고 메인보드를 접할 수도 있다.

우리 집도 마찬가지다. 아이가 3명이다 보니 1명이 감기에 걸리면 아픈 아이를 간호하느라 남은 2명의 아이에게 어쩔 수 없이 평소보다 미디어를 더 보여줘야 할 때도 있다. 그런데 감기가 거의 다 나을 만하면 다른 아이가 옮고 아프기를 반복한다. 아이들이 한바탕 감기에 걸렸다 나으면 가장 마지막엔 긴장이 풀린 내가 아프다. 나와 아이들이 번갈아가며 감기에 걸리면 기본으로 한 달이 지나간다. 그 한 달 동안 미디어 시청 시간도 자연스럽게 늘어나고 어느덧 아이들과 미디어는 떼려야 뗄 수 없는 관계가 되어버린다.

수많은 연구와 논문에서는 아이들이 미디어에 빨리 노출되면 불안정한 신체 발달, 정서 발달, 집중력, 수면장애를 일으킬 수 있다고 말한다. 다 알고 있는 내용이지만 일단 내가 살아야 하니 미디어 외엔 달리 방법이 없다. 부모를 잠시 쉬게 해주는 고마우면서도 미운 존재. 화장실 한 번 마음 편하게 가고 싶고, 방해받지 않고 밀린 집안일을 한다는 핑계로 틀고 또 틀어주게 된다.

미디어 없이 살기 힘든 환경에 놓인 요즘, 남녀노소를 막론하고 가장 필요한 건 '미디어 절제력'이다. 1편 보면 1편 더 보고 싶고, 이거 보면 저걸 보고 싶은 게 바로 미디어다. 재미있는 드라마 예고편을 보면서 방영일까지 언제 기다리냐며 시간이 빨리 가길 바란 적도 있을 것이다. 기다리는 게 어려운 사람은 종영된 드라마만 골라 한 번에 몰아보기도 한다. 그것도 1.5배속으로 말이다. 이런 방식으로 드라마를 시청하는 사람은 스토리 전개가 느린 드라마보다 롤러코스터처럼 흥미진진한 막장 드라마를 선호할 가능성이 높다.

우리의 뇌는 자극적인 영상에 노출될 때 쾌락 호르몬인 '도파민'이 분비되는데 자극적인 영상 노출 시간이 길어질수록 자극에 내성이 생겨 약한 자극에는 뇌가 수동적으로 반응하고 강한 자극에만 뇌가 반응하게 된다.

자극적인 미디어에 과다 노출될 경우 일방적인 소통 방식에 익숙해져 상대방의 말소리를 듣고, 생각하고, 적절한 반응을 하는 기본적인 상호작용과 일상적인 대화에 어려움을 겪는다. 대화뿐만 아니라 자극적이지 않은 일상생활에 악영향을 미칠 수도 있다. 우리 집 아이들만 봐도 미디어를 오랫동안 시청한 전과 후가 너무 다르다. 가장 눈에 띄는 건 참을성이 부족해지고, 사소한 일에 짜증을 내고 충동적인 행동을 하는 빈도가 높아진 점이다. 잘 놀다가도 쉽게 흥미를 잃고, 집중력이 떨어지고, 수시로 칭얼거리는 아이를 보고 있노라면 다시 스마트폰을 손에 들려주게 된다.

이뿐만 아니다. 우리는 알게 모르게 즉각적인 보상에 익숙해져 있어 참을성과 인내심을 기르기에 참 어려운 환경에서 살고 있다. 필요한 물건은 클릭 한 번으로 다음날 새벽에 받을 수 있고,

먹고 싶은 것도 빠르게 배달 받을 수 있다. 모든 일상이 스마트폰 하나로 편리하게 돌아간다.

아이의 참을성을 키우려면 부모가 먼저 본보기를 보여야 하는데 부모도 빠른 해결을 찾는 건 아닌지 생각해볼 필요가 있다. 아이의 짜증을 받아줄 마음의 여유가 없어서 혹은 아이의 울음을 어떻게든 빨리 그치게 하려고 자꾸 스마트폰을 아이 손에 쥐여주고 있지 않은지 생각해보자.

상호작용에 도움을 주기 위해 미디어 노출을 중단한 뒤 수시로 멍한 모습을 보이고 여러 문제 행동을 보이는 아이를 보면 부모는 깊이 있는 관계를 형성하지 못한 것에 대한 죄책감이 몰려올 수도 있다. 하지만 스스로 자책하지 않았으면 한다. 일반적으로 문제 행동의 원인이 미디어 노출이라고 단정 짓기 어렵다. 미디어를 줄이거나 끊었다고 모든 문제가 해결되는 것도 아니다. 그러니 자책보다 앞으로 아이의 건강한 언어 발달을 위해 필요한 언어 자극을 제공해주는 등 양육 환경을 바꾸는 데 힘을 쏟길 바란다.

아날로그 생활에서 찾는
언어 자극

언어 자극이라 하면 어렵게 생각하는 사람이 많다. 장난감처럼 언어를 발달시키는 데 필요한 특정 교구를 사서 아이에게 줘야 한다고 말하는 사람도 있는데 그것만으로 아이의 언어는 발달되지 않는다.

 언어 자극의 좋은 장난감은 '평범한 일상'이다. 아이와 함께 마트에 가서 필요한 물건을 찾아 이리저리 돌아다니고, 수많은 제품 중에 어떤 게 좋은지 비교해보자. 물론 나도 아이를 데리고 마트에 가서 물건을 사 오는 게 얼마나 힘든 일인지 안다. 외출 준비부터 쉽지 않을 것이다. 제멋대로 행동하는 아이를 보며 불쑥불쑥 튀어나오는 화를 수시로 눌러 참아야 하고, 인내심의 한계도 여러 번 느껴야 한다. 집을 나오는 순간 다시 들어가고 싶기도 한다. 생각만 해도 진이 빠질 수 있지만 이러한 일상적인 경험을 통해서 아이는 언어 발달 능력의 기초가 되는 '자조 능력'과 '문제 해결 능력'을 배운다.

 자조 능력이 언어 발달 능력의 기초가 되는 이유는 몇 가지 이유가 있다. 원활한 의사소통을 위해선 주의 집중력이 필요한데 자조 능력이 있어야 자신의 주의를 조절하고 외부의 언어에 집중할 수 있다. 대화에 참여하고 반응하는 상호작용이 오가려면 자신의 행동과 감정을 조절할 수 있어야 한다. 그뿐만 아니라 자신의 말을 모니터링하고 상황에 맞게 말을 조절할 수 있는 능력 또한 자조 능력에서 시작된다.

 문제 해결 능력이 언어 발달 능력의 기초가 되는 이유는 언어는 문제를 해결하고 정보를 교환하는 가장 중요한 수단이기 때문이다. 다시 말해 자신의 의견을 표현하고, 상황을 분석하고, 그에 알맞게 다양한 관점을 탐색하고, 각 관점을 해석하여 언어로 해결책을 제시하는 것이다.

경청하는 습관도 아이에게 언어 자극을 주는 데 더없이 좋은 자세다. 나와 말을 주고받는 사람이 아무리 말을 잘해도 나와 말이 통하지 않으면 그 사람과 길게 대화하고 싶은 마음이 없어진다. 일방적인 소통이라서 그렇다. 진정으로 말을 잘하는 사람은 상대방의 말에 귀를 잘 기울인다. 그래야 상대방의 의중을 알아차리고 그에 적절한 답을 내놓을 수 있으니까. 말을 잘하는 것보다 경청하는 습관을 기르는 것이 중요한 이유다.

미디어 노출을 줄이고 부모와 아이가 눈을 맞추고 소통하는 시간을 늘리면 아이는 경청하는 자세를 배우고, 자연스럽게 대화에서 일어나는 크고 작은 지루함을 극복하며 충동적인 감정을 자제할 수 있다. 만약 아이가 미디어에 중독되어 있다면 어떤 콘텐츠를 얼마나 볼 것인지 아이 스스로 조절할 수 있도록 부모가 도와줘야 한다.

시간이 날 때마다 자주 야외로 나가 신체 활동을 하는 것도 미디어에 관심을 줄일 수 있는 방법이다. 개인적으로 키즈 카페나 놀이공원보다 풀과 나무가 있는 공원을 추천한다. 키즈 카페와 놀이공원을 싫어하는 아이는 없다. 그러나 이런 장소는 평범한 공원보다 자극적인 요소가 많다. 만약 아이가 좋아한다고 이런 곳에만 다닌다면 미디어에 노출된 것과 비슷하게 화려하고 흥미로운 것에만 반응할 수 있다.

이미 만들어져 있는 놀잇감 안에서 수동적으로 놀기보다 공원 풀밭에서 신나게 뛰어 놀며 아이와 질 높은 상호작용으로 교감하기를 바란다. 아이가 좋아하는 과자 하나 챙겨서 밖으로 나가자. 상대방 입에 과자를 던져서 받아먹는 놀이를 하거나, 공원 곳곳에 먹을 걸 숨겨 보물찾기를 하는 등 함께 참여하고 웃을 수 있는 활동이면 무엇이든 좋다. 자전거, 공놀이, 줄넘기, 배드민턴 같은 운동도 꾸준히 하면 작은 성공의 경험과 재미를 맛보면서 자연스럽게 자기 조절 능력을 키울 수 있다.

미국 소아과학회에서는 만 2세 이하 영유아에게 미디어 노출을 권장하지 않으며, 만 5세까지는 사용 시간을 제한하라고 권고한다. 나는 미디어를 특정 방향으로 판단하려는 게 아니다. 그보다 앞에서 말한 것처럼 '미디어 절제력'을 키우고 현명하게 활용해야 한다는 점을 강조하고 싶다.

아이가 떼를 쓴다고 바로 영상을 보여주면 지금 당장 부모의 몸과 마음은 편할 수 있으나 미디어로 대체하는 습관에 익숙해지면 그다음을 감당하는 게 훨씬 힘들어질 것이다. 밥 먹기, 샤워하기 등 일상에서 얼굴과 얼굴을 맞대고 이루어지는 상호작용을 우선시하여 부모 자녀 사이에 신뢰 관계를 쌓기 바란다.

부모의 마음을 먹고
자라는 아이들

말이 느린 아이를 키우는 부모라면 언어 발달에 도움이 되는 정보를 이미 많이 알고 있을 것이다. 하지만 어쩌면 너무 많이 알고 있어서 더 해줘야 한다는 초조함과 조급함 속에 살고 있을지도 모른다. 책을 읽어주면 언어 발달에 좋다고 하니 주기적으로 인기 있는 책을 사서 보기도 하고, 놓을 곳이 없더라도 교구가 포함된 전집을 사기도 한다.

눈으로 보고 만지는 등 다양한 경험이 언어 발달에 좋다고 하니 피곤해서 쓰러질 것 같은 몸을 이끌고 오늘도 아이를 데리고 밖으로 나간다. 산, 바다, 동물원, 박물관, 놀이공원 등을 돌아다니다 집에 오면 온몸이 쑤시고 안 아픈 곳이 없다.

또래와 함께 어울려 노는 것도 중요하니 휴일에는 친구들끼리 놀 수 있는 자리를 만드느라 바쁜 일상에 약속을 빽빽하게 채워 넣는다. 이렇게 최선을 다해도 한없이 부족해 보이고, 잘하고 있는 게 맞는지, 놓치고 있는 부분은 없는지 고민하는 게 부모 마음이다.

20대 중반, 육아에 대해 아무것도 모른 채 엄마가 된 나 또한 그랬다. 퇴근 후 일하느라 같이 놀아주지 못한 죄책감에 힘든 몸을 질질 끌고 아이와 놀이공원을 갔다. 차로 1시간가량 떨어진 곳이었는데, 아이는 놀이기구에는 전혀 관심을 보이지 않고 분수대 앞에서만 놀거나 집 앞에서도 할 수 있는 비눗방울에만 관심을 보였다. 그러면 나도 모르게 "이 놀이기구 탈래? 여기 좀 봐"라며 자꾸 아이를 다그쳤다.

아이의 관심사를 돌려 어렵게 놀이기구를 태우면 기계와 음악 소리가 시끄럽다며 귀를 막고 울고 있는 아이를 볼 때마다 답답함이 치밀어 오르기도 했다. 다른 아이들은 재미있다고 좋아하는데, 이거 타려고 2시간 넘게 줄을 섰는데, 아이에게 즐거운 추억을 선물하고 싶어 힘들어도 왔는데……. 눈앞에 펼쳐진 상황은 내가 생각한 것과 너무 달랐다.

들뜬 마음으로 나선 나들이는 마무리가 좋지 않을 때가 많았다. 이런 일이 반복되면서 별것도 아닌 걸로 아이에게 짜증내는 내 모습이 나를 더 힘들게 했다. 그날도 여느 때와 다름없이 멘탈이 너덜너덜한 채 집에 돌아오는 길이었다. 그런데 문득 이런 생각이 들었다. 여태껏 아이를 위해서 잠을 쪼개며 해왔던 많은 것이 과연 아이를 위한 것이었을까. 아이는 나에게 이 많은 걸 해달라고 한 적이 단 한 번도 없는데 말이다. 아이를 위해서 했던 것은 결국 '난 아이에게 이만큼 해줄 수 있는 사람이야', '아이를 위해서라면 뭐든 해줄 수 있어'라며 스스로 위안받고 싶었던 것이었다.

좋은 육아, 꽤 괜찮은 육아, 남들이 보기에 부러운 육아를 한다는 이유로 나를 채찍질하는 건 좋은 현상이 아니다. 마음의 여유가 없어 아이에게 짜증을 내고, 아이가 내 계획에 잘 따라오지 않아서 화를 낸다면 잠시 모든 걸 멈추고 아이에게로 쏠렸던 시선을 내 마음으로 돌려 잠시 쉬는 시간을 주자.

부모의 마음가짐에 따라 육아 방향이 달라지고 가정의 모습이 달라진다. 부모는 자신의 마음을 돌볼 줄 알아야 아이의 마음도 돌볼 수 있다. 무언가 놓치고 있는 것 같아 마음이 불안하고 무엇을 채워줘야 할지 고민이라면 부모 자신의 마음을 돌보고 채우며 스트레스를 낮추고 마음의 여유를 찾길 바란다. 내 마음이 안정되어야 아이의 마음도 안정되고, 내 마음이 채워져야 아이의 마음도 채워줄 수 있다.

주입식 언어 자극 대신 놀이로 다가가기

언어 자극은 주입식 교육이 아니다. 부모와 상호작용을 하며 자연스럽게 '말할 수 있는 환경'을 만들어주고 '생각할 수 있는 힘'을 길러주는 것이다. '최고의 교육은 놀이'라는 말이 있다. 언어 또한 마찬가지다. 언어가 학습이 되는 순간 아이는 흥미를 잃는다. 재미없어 하는 아이에게 호통을 치진 않았는지, 아이가 스마트폰을 가까이하고 부모와의 상호작용을 꺼려하진 않았는지 점검해보자.

교육의 목적을 버리고 즐거운 놀이로 언어 자극을 주고 싶다면 규칙적인 기상 시간, 식사 시간 등을 정하고 그 속에서 소통할 연결고리를 찾는 것이 좋다. 아이가 매일 접하는 균형 잡힌 일상이야말로 최고의 자극제다. 아이를 먹이고 씻기고 재우기도 바쁜 육아에 '자극'을 더하려 하지 말고 지금 매일 하는 생활 패턴에 집중해보자. 균형 잡힌 일상에 덧입힌 언어 자극이야말로 큰 효과를 볼 수 있다.

부모와 함께하는 소소한 일상은 아이가 오랫동안 간직할 수 있는 소중한 기억으로 남는다. 자기 전에 아빠가 해줬던 발 마사지, 도시락에 들어 있던 엄마의 짧은 편지, 매주 토요일 온 가족과 함께 갔던 집 앞 놀이터, 매일 저녁 식탁에 둘러앉아 하루의 일과를 나누었던 시간 등 그 순간순간 느꼈던 따뜻함은 그 어떤 것보다 훌륭한 자극이다.

아이가 정말 원하는 건 무엇일까? 서로 바라보며 웃고, 아이가 좋아하는 음식을 함께 먹고, 소파에 앉아서 아이 등을 긁어주며 좋아하는 노래를 듣거나 부르는 시간을 가지는 것이다. 이런 교감은 아이의 언어 발달에 큰 도움이 된다.

집에서 아이와 단둘이 있을 생각만 해도 한숨이 절로 나오겠지만 참고 견뎌야 한다. 나 또한 무언가를 요구하는 아이들과 오랜 시간 붙어 있는 게 힘들었지만 그 시기를 지나고 나서 돌이켜보니 별거 아니었다는 생각이 든다. 그러니 내 옆에 있는 아이의 표정과 행동을 보면서 건강한 발달의 발판인 정서적 안정을 만들기 위해 노력해보자.

우리 아이도 언어 치료를 받아야 할까?

탄생의 기쁨을 뒤로 하고 내 아이가 또래 아이들보다 뭔가 느리다고 느낄 때 부모의 마음은 까맣게 타 들어가기 시작한다. 다른 아이들이 엄마와 조금씩 깊은 상호작용을 하는 모습을 보면 불안한 마음은 점점 더 커지고 초조함이 가시지 않는다.

말이 느린 아이를 키우는 옆집 엄마도 언어 치료를 시작했다고 해서 혹시나 하는 마음에 치료 센터를 예약하려고 했지만 대기 시간은 말도 안 되게 길고……. 그렇다면 집에서 어떻게 도와줄 수 있을지 고민에 빠진다. 언어 치료 여부를 결정하려면 언어 발달이 어떻게 진행되는지 이해하고 아이의 발달 수준을 파악하는 것이 우선이다.

언어 치료를 고려해야 할
아이의 특징

　　영유아기에는 사용하는 단어의 개수보다 대화를 할 때 적절하게 반응하며 원활한 상호작용을 하는지로 언어 발달을 평가한다. 생후 18~24개월은 말은 느리지만 알아듣는 데 문제가 없고, 평범한 또래처럼 놀고, 소통에 적극적으로 참여하고, 적절하게 의사 표현을 한다면 걱정하지 않아도 된다. 이런 경우는 단순히 말이 느린 아이라고 판단하는데, 언어 치료를 받지 않아도 원활하게 상호작용을 하면 저절로 말이 트일 것이다.

　　그러나 주변 사람이나 상황에 관심이 적고, 또래보다 놀이 방식이 단순하고, 말을 잘못 알아듣고, 할 수 있는 말이 제한적이고, 대화에 집중하지 못한다면 2주 간격으로 아이가 표현할 수 있는 단어가 늘고 있는지 관찰해야 한다(일반적으로 일주일에 10~20개 단어가 늘어야 한다). 생후 36개월에 접어들어도 앞선 반응을 보이고 전반적으로 언어 발달이 현저히 느리면 전문가의 명확한 진단과 도움이 필요하다는 신호로 볼 수 있다.

　　일반적으로 아기들은 생후 10~12개월 무렵에 첫 단어를 말하고, 생후 18개월 무렵에 50개 정도, 생후 24개월이 되면 300개 정도의 단어를 말한다. 생후 18~24개월은 어휘가 6배가량 급속히 증가하는 '어휘 폭발기'다. 생후 18개월 전후로 아이는 모든 사물에 이름이 있다는 것을 이해하고 일주일에 무려 10~20개 정도의 새로운 단어를 빠르게 습득한다. 어른들이 '아이 앞에서 말조심해야 한다'라고 말하는 시기가 이쯤부터다. 그러므로 앞서 언급한 대로 생후 18~36개월까지는 2주 간격으로 표현할 수 있는 단어가 늘고 있는지 잘 관찰해야 한다.

표현언어, 수용언어, 화용언어 발달의 필요성

언어 기능은 크게 '표현언어', '수용언어', '화용언어'로 나뉜다. 표현언어는 말 그대로 의사를 표현하는 능력이고, 수용언어는 말을 듣고 이해하는 능력이며, 화용언어는 사회적 의사소통 능력이다.

예를 들어 아이가 과자를 달라고 "까까!"라고 말을 하는 것은 표현언어이고, 아빠가 "까까 줄까?"라고 했을 때 그 말을 알아듣고 신나서 과자 봉지를 들고 오는 행위는 수용언어다. 아빠가 과자와 관련된 질문을 했을 때 그 질문에 적절한 반응을 보이는 것이 화용언어다. 사회에서 언어를 인사, 요청, 요구, 명령과 같이 다목적으로 사용할 수 있도록 하는 것도 바로 화용언어의 기능이다.

말이 느린 아이를 키운다면 보통 표현언어에만 집중해서 화용언어는 간과되기 쉽다. 화용언어는 사회성과 밀접하게 연관되어 있다. 말이 느린 아이가 사회성이 부족해 보이는 것도 화용언어 발달이 잘 이뤄지지 못한 탓이다.

화용언어 발달이 느리면 "까까 줄까?"라고 했을 때 질문한 사람에게 관심을 보이지 않거나, 질문에 대답은 하지 않고 자신이 하고 싶은 말만 하거나, "이건 뭐야?"라며 질문으로만 대화를 하거나, 매번 같은 표현을 사용하는 제한된 언어 기능을 보이거나, 친구가 인사를 해도 적절히 반응하지 못하는 모습을 보이기도 한다.

화용언어에는 그때그때 상황에 맞는 표정, 몸짓, 목소리 톤과 같은 비언어적 단서를 해석하고 적절하게 대응하는 능력도 포함된다. 이런 기술은 자신의 감정과 생각을 전달하는 데 필수 항목이다.

상호작용에 어려움을 보인다면 화용언어 능력을 반드시 살펴봐야 한다. 부모는 표현언어, 수용언어에만 치중하지 말고 화용언어까지 포함해 이 3가지 언어를 골고루 발달시킬 수 있는 환경을 제공해줘야 한다. 그래야 아이는 언어를 상황에 맞게 적절히 적용할 줄 알고 다른 사람과 소통하고 마음을 주고받는 상호작용을 할 수 있다.

개월별 언어 발달 점검

안타깝게도 말이 느린 많은 아이들 중 대부분은 상호작용이 주는 즐거움을 느껴보지 못한 경우가 많다. 또래 친구들과 원활하게 소통하고 싶지만 말이 느려서 대화에 참여하기 어렵고, 같이 놀고 싶어도 잘 끼지 못하는 상황은 교우 관계를 형성하는 데 부정적인 영향을 미친다.

사회관계를 경험하지 못한 아이들은 대화의 전환, 대화 순서, 적절한 눈맞춤 등 기본적인 의사소통 규칙을 이해하지 못해 자주 지적을 받거나 관계를 맺는 데 쉽게 거절당한다. 이는 상호작용을 어렵게 만드는 데 영향을 준다.

아이가 "엄마!"라고 부르기까지는 발화 이전에 이뤄져야 할 언어 발달 단계가 존재한다. 따라서 단순히 '말'에만 초점을 두지 말고 다양한 언어 영역의 발달을 관찰해야 한다.

각각의 발달이 이뤄지는 '속도'는 개인마다 차이가 있지만, 언어 발달 단계는 고정된 '순서'가 있다. 아이가 말이 느려 언어 치료를 받아야 하는지 고민이라면 전반적으로 시기별 언어 발달을 점검해보고 전문가의 도움이 필요한지 함께 살펴보자.

생후 18~30개월, 가정에서 조금 더 지켜봐도 되는 경우

상호작용을 통해 감정 교류가 가능하고, 말을 알아듣고, 몸짓을 사용해 의사 표현을 할 수 있다면 전문가의 개입 없이 가정에서 적절한 언어 자극을 제공해주는 것만으로도 언어 발달이 이뤄질 수 있다. 그렇다고 말이 트일 때까지 무작정 기다리는 것이 아니라 올바른 언어 자극을 주며 1~2주 간격으로 새로운 단어를 습득하고 있는지 관찰해야 한다.

반대로 발달 지연이 의심된다면 망설이지 말고 전문가의 도움을 받길 바란다. 단순히 말만 느린 경우도 있지만 다른 발달 지연의 중요한 초기 신호일 수 있기 때문이다. 언어발달평가를 통해 현재 우리 아이의 언어 능력이 어느 정도인지 명확하게 파악하여 차이가 벌어지기 전에 적절한 개입과 도움을 줄 수 있다.

생후 18개월, 전문가의 개입이 필요한 경우

다음 질문 중 1개라도 해당되면 언어발달평가를 받을 필요가 있다.

- ☐ 부모가 집에 돌아오거나 나가도 신경 쓰지 않는 등 주변에서 일어나는 일을 잘 알아차리지 못한다.
- ☐ 눈맞춤이 거의 안되고 호명 반응이 없다.
- ☐ '아바푸', '부다부다'처럼 다양한 형태의 음절로 된 옹알이를 거의 하지 않는다.

- □ 다른 사람의 관심을 끌기 위해 사물을 가리키지 않거나 가리키는 곳을 보지 않는다.
- □ "이거 줄까?", "안아줄까?"라며 물어도 반응을 보이지 않는다.

생후 24개월, 전문가의 개입이 필요한 경우

　다음 질문 중 1개라도 해당되면 언어발달평가를 받을 필요가 있다.

- □ 숟가락, 빗처럼 익숙한 물건들의 용도를 모른다.
- □ 소리, 몸짓으로 자신의 의도를 표현하지 않는다(싫으면 고개 흔들기, 원하는 것 손으로 가리키기).
- □ "기저귀 가져 와", "이리 와" 등 일상에서 자주 쓰는 간단한 지시 사항을 듣고 반응하지 않는다.
- □ 동작이나 말을 모방하지 않는다.
- □ "이거 먹을래?", "나갈까?"라는 질문을 해도 반응이 없다.

생후 36개월, 전문가의 개입이 필요한 경우

　다음 질문 중 1개라도 해당되면 언어발달평가를 받을 필요가 있다.

- □ "식탁 밑에 숨자", "공을 상자에 넣어"처럼 위치 부사어가 들어간 지시를 따르지 못한다.

- ☐ '손 씻고+식탁에 앉아'처럼 2단계 지시를 따르지 못한다.
- ☐ 발음이 불명확해 친숙한 어른도 아이의 말을 이해하지 못한다.
- ☐ 요청, 인사, 명령과 같이 다양한 목적의 의사 표현을 하지 않는다.
- ☐ 놀이 루틴이 아주 단순하거나 간단한 장난감을 잘 다루지 못한다(손잡이 돌리기, 3~4개로 구성된 퍼즐 등).
- ☐ 1~2주 단위로 새로운 단어(최소 10개)를 습득하지 못한다.
- ☐ 대화 주제나 맥락에 맞지 않는 말을 자주 한다.

CHECK POINT 1

생후 0~12개월 언어 발달

종종 아이의 청력 문제가 감지되지 않아 첫 검진에서 청력 문제를 배제하는 경우도 있다. 아이들에게 흔히 발생하는 중이염이나 여러 귀 관련 감염질환은 일시적인 청력 상실을 유발할 수 있어 언어발달평가를 받기 전에 청력 검사를 먼저 받아보길 권한다.

생후 0~12개월은 언어적 의사소통인 수용언어, 표현언어, 화용언어를 써서 '상호작용의 원리'를 이해하는 시기다. 다음 언어 발달 체크 리스트를 확인하며 아이의 3가지 언어 발달 영역이 어느 정도 이뤄졌는지 확인해보자.

생후 0~12개월 언어 발달 체크 리스트

☐ 자신의 이름을 인식하고 이름에 반응한다.
☐ 신날 때, 화날 때, 상대를 부를 때 등 여러 목적으로 다양한 소리를 낸다.
☐ 친숙한 사람의 목소리를 구별한다.
☐ 몸짓으로 의사 표현을 한다(손 흔들며 안녕하기, 싫다고 고개 흔들기, 단순한 동작 '잼잼' 등).
☐ "안아줄까?"처럼 간단한 질문에 반응한다.

- ☐ '안 돼'라는 뉘앙스를 이해한다.
- ☐ 손으로 가리키는 사물이나 그림을 바라본다.
- ☐ 손으로 가리키거나 동작으로 힌트를 주면 간단한 지시를 따른다(쓰레기통을 가리키면서 "쓰레기통에 버려"라고 말하면 지시를 따른다 등).

다음 체크 리스트는 미국언어청각협회ASHA에서 제공하는 의사소통 이정표를 기준으로 작성한 리스트다. 만약 아이가 해당 연령대에서 많은 이정표를 달성하지 못한 경우 언어 치료 전문가에게 문의해보길 권장한다(이정표 달성 개수는 ASHA에서도 언급하지 않음).

정서 및 사회적 의사소통 체크 리스트

- ☐ 눈맞춤을 하며 말하는 상대의 얼굴을 바라본다.
- ☐ 거울에 비친 자기 모습을 좋아한다.
- ☐ 상대가 웃으면 웃음으로 반응한다(까꿍 놀이를 즐겨 한다).

+ PLUS CHECK

3가지 주요
인지 발달 능력 체크

아이가 말을 배울 준비가 되어 있는지 알려주는 3가지 주요 인지 발달 능력을 보고 아이의 발달 상태를 확인해보자.

1. 대상 영속성

언어는 상징화된 수단이다. 우리가 마시는 '우유'를 떠올려보자. 우리는 '소의 젖을 살균하여 만든 흰색 음료'를 '우유'라는 상징적인 표현을 붙여 부른다. 이렇게 특정 대상에 붙은 상징적인 표현을 인지하고 표현할 수 있으려면 '대상 영속성'이 발달되어야 한다.

일반적으로 생후 8개월 전후로 발달하는 대상 영속성은 당장 눈앞에 보이지 않고 들을 수 없어도 어떤 사물이 존재한다는 것을 인지하고 적극적으로 찾는 '상징적 사고 발달 능력'이다. 다시 말해 언어는 상징화된 수단이기에 상징적 사고 발달 능력이 언어 발달에 중요한 부분을 차지한다.

아이가 밥을 먹다 숟가락을 바닥에 떨어뜨렸을 때 바닥을 둘러보며 숟가락을 찾으려고 하는지, 아이가 먹고 있는 과자를 휴지로 가리면 아이가 과자를 찾기 위해 휴지를 걷어내는지, 엄마가 이불을 머리 위로 덮고 "엄마 어디 있게?"라고 물으면 아이가 이불을 끌어내리며 엄마를 찾으려고 하는지 등 보통 '까꿍 놀이'를 시작으로 대상 영속성의 개념을 접한다.

사라진 대상을 찾는 놀이를 하며 재미있어서 하는 것은 대상 영속성 발달이 이뤄지고 있다는 뜻이다. 앞의 예시처럼 아이 앞에서 수건으로 아이가 좋아하는 장난감이나 먹을 것을 숨긴 후 아이가 대상을 찾기 위해 수건을 들어 올리는지 관찰해보자.

2. 원인과 결과

대부분의 영유아 장난감은 '원인과 결과'의 원리로 만들어져 있다. 버튼을 누르면 노래가 나오고, 다이얼을 돌리면 사자가 튀어나오고, 벨을 누르면 문이 열리는 등 장난감으로 '내가 A를 했을 때 B가 일어난다'의 개념을 자연스럽게 접한다.

간단한 원인과 결과를 이해할 때 아이는 언어를 목적에 맞게 사용할 수 있고 이것은 주고받는 소통으로 이어진다. 예를 들어 (A)내가 울면 (B)엄마가 달려오고, (A)엄마의 손을 잡아당기면 (B)엄마가 일어난다는 원인과 결과를 이해하고 비언어적 언어로 소통하려 한다면 '의사소통 의도'가 발달했다고 볼 수 있다. 구멍에 공을 넣으면 반대쪽으로 나온다는 걸 알고 계속 공을 넣는지, 장난감 케이크에 초를 꽂으면 불이 켜지는 걸 인지하고 초를 꽂는지 등 놀이를 통해 관찰해보자.

3. 간단한 문제 해결 능력

의사소통에 있어 문제 해결 능력은 매우 중요하다. 우리는 매일 다양한 갈등을 직면하는데 문제가 발생했을 때 적절한 해결 방법을 생각해낼 수 있어야 의사소통이 가능하다. 상대방의 표정을 살피며 감정을 해석하고, 어떤 기분일지 공감하고, 자신의 감정도 조절하고, 상황에 적절한 반응을 하는 것이 문제 해결 능력에서 나온다.

    영유아의 경우 전자 장난감이 작동하지 않으면 껐다가 다시 켜거나 건전지를 확인해본다. 장난감이 높은 곳에 있으면 발판을 가져오거나, 퍼즐이 맞지 않으면 다른 곳에 맞춰본다. 국물은 숟가락으로, 면은 포크로 먹는 것도 일상에서 흔히 볼 수 있는 문제 해결 능력이다. 아이의 일과나 놀이를 통해 문제 해결 능력이 있는지 관찰해보자.

CHECK POINT 2

생후 12~18개월 언어 발달

이 시기는 '의사소통 의도'가 발달하는 때이다. 의사소통 의도란 말 그대로 '의사소통을 하고자 하는 목적이나 동기'를 말한다. 여기에는 언어뿐만 아니라 자신의 생각과 감정을 표현하는 표정, 소리, 몸짓 등 의도를 가진 모든 행위를 포함한다.

언어 습득에서 의사소통 의도가 중요한 이유는 상대방을 의식하고 적극적으로 소통하려는 소통의 기본 자세를 보여주기 때문이다. 따라서 다음의 체크 리스트를 통해 아이가 적극적으로 소통의 의도를 가지고 의사를 표현하려 하는지 살펴보자.

생후 12~18개월 언어 발달 체크 리스트

- ☐ 친숙한 사람에게 이름이 있다는 걸 인지하고, 자주 접하는 사물의 이름을 이해한다.
- ☐ 적절한 상황에서 단어를 일관성 있게 사용한다.
- ☐ "밥 먹자!"라고 하면 식탁으로 오는 것처럼 일상과 관련된 간단한 지시를 수행한다.
- ☐ 친숙한 단어를 따라 한다(물을 '무', 바나나를 '나나'라고 해도 괜찮다).

☐ 기본적인 신체 부위(눈, 코, 입 등) 1개를 가리킬 수 있다.
☐ 몸짓과 발성을 결합하여 기능적으로 사용한다(자신이 원하는 것을 가리켜서 상대방에게 알린다).
☐ '어디'라는 질문을 이해하기 시작한다("누나 어디 있지?"라고 물으면 주변을 둘러보며 누나를 찾는 행동을 보인다).
☐ 주변 사람이 아이가 하는 말의 25% 정도를 알아들을 수 있다.

생후 18개월이 되면 말하는 단어 수가 최소 10개, 평균 50개, 많으면 170개 이상이 된다. 이 시기에 단어 수보다 의사소통 의도가 중요한 만큼, 가리키기, 보여주기, 인사하기, 요구하기, 부르기, 손잡아 당기기, 자랑하기 등 언어의 다양한 기능 혹은 언어를 사용하는 목적이 있는지 관찰해야 한다.

정서 및 사회적 의사소통 체크 리스트

☐ 주 양육자가 떠나면 울고, 돌아오면 기뻐한다.
☐ '싫어', '아니야' 등의 항의 표시 혹은 거부 표현을 한다.
☐ 낯선 사람이 있으면 수줍음, 무서움, 불안함을 표현한다.
☐ 다른 공간에 있는 물건도 쉽게 찾아온다.
☐ 상대방의 주의를 끌기 위해 포인팅(가리키기)을 한다.
☐ 단순한 내용의 상징 놀이를 한다(운전하는 흉내, 인형에게 뽀뽀하기, 통화하는 흉내 등).

+ PLUS CHECK

2가지 주요
인지 발달 능력 체크

1단어 단계는 아이가 단어 1개로 의사소통을 시작할 때를 말한다. 예를 들어 아이가 "우유"라고 말하면서 '우유를 주세요'라는 의미를 표현하거나 "야옹"이라고 하여 고양이의 존재를 나타낼 수 있다. 이 단계는 표현 언어 발달의 시작을 나타내고 아이가 자신의 필요, 욕구, 관찰한 것들을 표현하기 위해 언어적 의사소통을 사용하기 시작한다는 것을 의미한다.

아이가 1단어 단계를 배울 준비가 되어 있는지 알려주는 2가지 주요 인지 발달 능력을 읽어보고 우리 아이의 발달 상태를 확인해보자.

1. 사물의 용도와 기능 이해

칫솔로 이 닦기, 컵으로 물 마시기, 칼로 자르기 등 일반적으로 자주 사용하는 '사물의 용도와 기능'을 이해하는지 확인해보자. 사물의 이름(명사)뿐만 아니라 사물의 기능을 이해하고 바르게 사용하는 것은 영유아 언어 발달에서 아주 중요한 단계다. '꿀꺽+물을+마시다'처럼 동사를 목적어에 연결함으로써 어휘가 늘어나고 대화 능력을 향상시키기 때문이다.

아이들은 물건과 행동 사이의 연관성을 이해해야 문장을 만들고 질문에 답을 할 수 있다. 일상에서 쉽게 접하는 용품의 사용 방법을 알기 전에 그 사물의 이름을 알고 있는지부터 확인해야 한다.

2. 행동 모방

아빠가 손뼉을 치면 아이도 손뼉을 치고, 엄마가 곰 인형에게 뽀뽀하면 따라 뽀뽀하고, 만세를 하면 팔을 따라 올리는 것처럼 아이가 어른의 행동을 따라 하는 행위는 언어 발달을 촉진하는 단계인 '언어 모방'에 도움이 된다.

아이들은 모방으로 말을 배우는데 말을 따라 하기 전에 행동을 따라 하며 기초를 쌓는다. 만세를 하며 팔을 따라 올리는 행동은 아주 간단해 보이지만, 의사소통의 기본 요소가 모두 포함된 복잡성을 띠고 있다. 상대방에게 주의를 기울이고, 눈맞춤을 하고, 보고 들은 자극을 해석하고, 여러 번 시도하여 올바른 동작을 하고, 상대방의 반응을 보고 자연스럽게 차례를 지키며 주고받는 것은 상호작용의 기초 단계다.

CHECK POINT 3

생후 18~24개월 언어 발달

생후 18~24개월은 '이해력이 늘어나는 시기'다. 말이 느린 아이는 많은 것을 이해하지 못해서 말을 하지 않는 경우가 많다. 이처럼 수용언어는 유아기 언어 발달에서 가장 간과되는 문제다. 아이들은 단어를 사용하고 말을 하기 전에 먼저 단어를 이해하는 법을 배워야 한다.

생후 24개월이 되면 말하는 단어 수가 최소 50개, 평균 250개가 된다. 아이가 부모의 지침을 이해하고 있다는 가장 큰 지표는 아이의 반응이다. 아이가 간단한 지시에 어떻게 반응하는지 관찰하고 다양한 상황에서도 일관된 반응을 보이는지 관찰해보자.

생후 18~24개월 언어 발달 체크 리스트

☐ 기본적인 신체 부위(눈, 코, 입 등)를 가리킨다.
☐ 자발적으로 "나무+어딨어?", "까까+주세요", "아빠+먹어", "저거+뭐야?", "토끼야+안녕"처럼 단어 2개를 붙여 말한다.
☐ 간단한 1단계 지시를 따른다('앉아', '이리 와' 같은 지시를 몸짓을 사용하지 않고 말로만 했을 때).

- ☐ 그림 또는 사물을 가리키며 "이게 뭐지?"라고 물으면서 사물의 이름을 말한다.
- ☐ 최소 5가지 사물 중 친숙한 사물이나 그림을 식별한다("고양이 어디 있어?"라고 물으면 고양이를 가리킨다).
- ☐ 목소리 높낮이를 조절하며 어른 억양을 따라 한다.
- ☐ 평소 자주 하는 행동 단어('먹다', '마시다', '뛰다', '멈추다' 같은 움직임을 나타내는 동사)를 이해한다.
- ☐ 이름으로 자신을 지칭하고 '나', '너', '내 것', '네 것'과 같은 대명사를 이해하고 쓴다.
- ☐ 가르쳐주지 않아도 새로운 단어를 빠르게 이해한다.
- ☐ 2개 단어 이상으로 이루어진 문장을 따라 말한다.
- ☐ 단어나 문장의 끝을 높여(억양을 높여) 질문한다.
- ☐ 주변 사람이 아이가 하는 말의 50~75% 정도를 알아들을 수 있다.

정서 및 사회적 의사소통 체크 리스트

- ☐ 다른 사람이나 또래에게 관심을 보이며 애정 표현을 한다.
- ☐ 자발적으로 인사를 한다.
- ☐ 부모와 함께 주고받는 놀이에 참여하며 즐긴다.
- ☐ 단순한 역할 놀이를 하며 논다(컴퓨터 앞에서 일하는 엄마를 흉내 내기, 인형을 침대에 눕혀 재우기, 국자로 냄비를 저으며 요리하기).
- ☐ 청소, 설거지 등 부모가 하는 행동을 흉내 낸다(행동 모방).
- ☐ 또래 옆에서 논다(이 연령대 아이들은 아직 함께 노는 느낌보단 같은 공간에서 자신이 관심 있는 놀잇감으로 논다).

+ PLUS CHECK 1

생후 18~24개월
수용언어와 표현언어

1. 수용언어

보통 아이의 일과가 비슷하기에 친숙한 환경에서 지시를 따른다는 것은 습관에서 오는 행동일 가능성이 있다. 아이가 정말 말귀를 잘 알아듣는지 알아보려면 익숙하지 않은 환경에서도 간단한 지시를 따를 수 있는지 확인해보자.

2. 표현언어

아이가 "엄마, 맘마"라고 말로 표현할 수 있다고 해서 2단어를 결합한 문장 활용이 가능하다고 판단하는 경우가 있다. 그러나 2단어를 결합한 문장 활용이 가능한지 정확히 판단하려면 여러 상황에서 또는 여러 사람에게 일관되게 사용하는지 관찰해야 한다 ("까까 더 줘", "아빠 먹을래?"). 오직 "엄마, 맘마"만 적절한 상황에서 일관되게 사용하고 다른 2단어를 결합한 문장은 사용하지 않는다면 아이는 "엄마, 맘마"를 1단어라고 인식하고 사용할 가능성이 높다.

+ PLUS CHECK 2

2가지 주요
인지 발달 능력 체크

2단어 단계는 아이가 단어 2개를 결합하여 간단한 문장을 만들기 시작할 때를 말한다. 예를 들어 "더 주세요"라고 말하면서 더 많은 우유를 요구하거나 "큰 풍선"이라고 하여 풍선의 크기를 묘사할 수 있다.

아이가 1단어 단계에서 2단어 단계로 넘어갈 준비가 되어 있는지 알려주는 2가지 주요 인지 발달 능력을 확인해보자.

1. 2가지 생각을 표현하는 능력

단어 2개를 결합하여 사용하기 전에 일반적으로 단어와 보조 몸짓으로 2가지 생각을 표현할 수 있어야 한다. 예를 들어 아이가 딸기를 가리키며 "딸기"라고 말하면서 두 팔을 넓게 벌려 많이를 표현한다면 '딸기를+많이 달라'는 2가지 생각이 담겨 있는 것이다. 아이가 공을 가리키며 "아빠!"라고 말하면 이 또한 '아빠랑+공놀이하고 싶다'는 2가지 생각을 표현한 것이다. 아이가 2가지 유형의 장난감을 가지고 노는 것 또한 같은 맥락으로 볼 수 있다

(토끼 인형+우유 먹이기). 아이가 단어의 의미와 일치하는 몸짓을 사용하는 것은(우유를 가리키며 "우유"라고 말하는 것) 1가지 생각을 표현하는 것이기에 2가지 생각으로 혼동해서는 안 된다.

아이가 명사 이외에 다양한 단어를 쓰고, 보조 몸짓을 사용하면 단어 2개를 결합할 준비가 되어 있다는 신호다. 단어를 2개 결합하려면 명사(사람/사물의 이름, 장소), 동사(주다, 앉다, 가다와 같은 행동 단어), 형용사(큰, 빠른), 전치사(안에, 위에)를 골고루 알고 있어야 단어를 결합 할 수 있다.

2. 자기를 구성하는 개념을 이해하는 능력

생후 18개월 전후로 내 것이란 소유의 개념이 생기고 내 것과 남의 것을 구별하기 시작한다. 나와 너의 개념을 이해한다는 것은 자신과 타인의 관계를 이해하기 시작했다는 의미이다. 따라서 나 혹은 내 것과 같은 대명사 사용은 사회적 의사소통 발달에 밀접한 관련이 있다.

자신과 타인을 구별할 수 있는 능력은 단순 언어 발달 지연과 언어발달장애의 큰 지표로 사용된다. 자아감 Sense of self 이 잘 형성되지 않았다면 나와 너의 개념을 이해하기 어렵고 사람을 지칭할 때 대명사보다 그 사람의 이름을 더 많이 사용한다.

CHECK POINT 4

생후 24~36개월 언어 발달

이 시기는 '어휘력이 늘어나는 시기'다. '어휘 폭발기'에 어떤 언어적 환경에 있느냐에 따라 언어 발달은 큰 차이를 보인다. 이 중요한 시기에는 아이에게 올바른 문법으로 된 문장을 사용하여 단어의 의미를 이해하고 단어들을 연결해 문장 만드는 방법을 습득할 수 있도록 돕는 게 중요하다.

생후 24~36개월 언어 발달 체크 리스트

- ☐ 간단한 원인과 결과가 예상되는 2단계 지시를 따른다(수건을 꺼내서+얼굴 닦아, 열쇠를 가져와서+문을 열어, 기저귀 가져와서+소파에 누워).
- ☐ 3~4단어로 이루어진 문장을 의미 있는 방식으로 사용한다.
- ☐ 작은 신체 부위(턱, 눈썹 등)를 이해한다.
- ☐ 보다, 앉다, 서다, 걷다, 눕다 등의 행동 단어를 사용한다.
- ☐ 가족 호칭(할머니, 이모 등)을 이해하고 가족 구성원의 이름을 인식한다.
- ☐ 다양한 형태와 목적을 갖고 언어를 사용한다(질문, 인사, 요구, 명령 등).
- ☐ 즉각적인 환경에서 일어나는 일과 관련된 간단한 질문에 답을 한다(예/아니요, 누가, 무엇을, 어디서 등).
- ☐ 누가, 무엇을, 어디서와 같은 질문을 스스로 한다.

- ☐ 사물의 기능을 이해한다("머리에 쓰는 게 무엇이지?"라고 물을 때 "모자"라고 답하거나 가리키는 것).
- ☐ 주변 사람이 아이가 하는 말의 75~90% 정도를 알아들을 수 있다.
- ☐ 1과 2의 개념을 이해한다(사탕 2개 가져오기).
- ☐ 상대방이 자신의 의도를 이해하지 못한 경우 다른 방법으로 의도를 전달한다.
- ☐ 사물을 크기, 모양, 색깔, 음식 같은 각각의 범주로 분류한다.
- ☐ 자신의 이름, 나이, 성별을 안다.
- ☐ 문장의 맥락 안에서 위치 부사어를 이해한다("공을 박스 안에 넣어", "이불 위에 앉아", "식탁 밑에 숨자").

생후 36개월이 되면 말하는 단어 수가 최소 250개, 평균 1,000개가 된다. 이때 '기능적 어휘 Functional words'를 가르쳐야 단어가 문장으로 확장될 수 있다. 기능적 어휘란 일상에서 자신이 원하거나 필요한 것을 표현하기 위해 사용하는 단어다. 예를 들어 '주세요', '안아줘', '그만 할래', '또 할래', '나가자' 등이 여기에 속한다. 색깔, 모양, 숫자와 같은 단어를 배우는 것도 중요하지만 기능적 어휘는 자신의 욕구를 전달하기 위해 2~3개 단어로 문장을 만들어야 할 때 필수적이다.

정서 및 사회적 의사소통 체크 리스트

- ☐ 또래와 함께 역할 놀이(병원놀이, 소꿉놀이)를 하고 여러 역할을 모방한다(동물이 말하는 것처럼 가장한다).
- ☐ 상상력을 발휘하여 내용이 더 풍부한 가상 놀이를 한다(대화하듯 전화하는 흉내, 모자를 그릇으로 사용한다).
- ☐ 적절한 몸짓 언어를 사용하여 의사 표현을 한다(모를 때 어깨 으쓱하기, 손동작).
- ☐ 도움이 필요할 때 도움을 요청한다.
- ☐ 허락 또는 동의를 구한다(사탕을 먹기 전 부모와 눈을 마주치는 행동, 밖으로 나가기 전 나가도 되냐고 허락을 받는 것).
- ☐ 간단한 그룹 활동에 참여한다.
- ☐ 다른 아이들의 놀이를 관찰하고 놀이에 참여한다.
- ☐ 껴안기, 뽀뽀하기 등 애정 표현을 한다.
- ☐ 차례를 지키며 게임을 한다.
- ☐ 친구가 울거나 다치면 걱정하는 등 다양한 감정을 표현한다.

+ PLUS CHECK

1가지 주요
인지 발달 능력 체크

아이가 어휘력을 넓힐 준비가 되어 있는지 알려주는 1가지 주요 인지 발달 능력을 확인해보자.

분류와 범주를 이해

이 시기는 표현과 놀이 등이 정교해지고 풍부해지는 시기다. 생후 24개월 전후부터 똑같은 것에 관심을 보이며 '공통점'과 '차이점'을 이해한다. 말을 처음 배울 때 모든 동물은 "멍멍이" 혹은 모든 사람을 "엄마"라고 하다가, 낮과 밤의 차이점을 이해하면서 시간 개념도 배운다.

'똑같다'와 '다르다'의 개념을 이해하고 다양한 어휘를 연결하면서 비판적 사고력이 길러지고, 주변 사람, 장소, 사물을 비판적으로 관찰하며 범주의 개념을 이해할 때 어휘력이 늘어난다.

말이 느린 아이는 유형별로(동물, 음식, 장난감) 새로운 어휘를 학습하는 것이 어휘를 구축하고 확장하는 가장 효과적인 방법이다. 장난감을 유형별로 정리하는 연습을 해보자.

· PART 2 ·

소통의 어려움을 겪는 말이 느린 아이들의 특징
(자폐스펙트럼 의심)

감각이 지나치게 민감한 아이

말이 느린 아이를 키우는 부모의 고민을 들어보면 아이의 언어 발달이 느리다는 것 자체에 초점을 맞추기보다 소통이 되지 않는 상황에 우려를 표한다. 어떤 것에 집중하면 이름을 불러도 잘 돌아보지 않는 모습, 아는 단어는 꽤 많은데 소통이 잘 안되는 모습, 수시로 제자리를 빙글빙글 도는 모습, 갑자기 책상 밑으로 숨는 모습, 한시도 가만히 있지 못하고 왔다 갔다 하는 모습 등을 보고 '혹시 우리 아이도 자폐스펙트럼은 아닐까?' 하며 의심한다.

말이 느린 아이를 자폐스펙트럼으로 연결시키는 건 상호작용 능력이 부족하여 사회성이 떨어져 보이기 때문이다. 그러나 상호작용이 부족하다는 것만으로 말이 느린 아이를 모두 자폐스펙트럼으로 단정 지을 수 없다. 전문가가 아이를 자폐스펙트럼으로 진단하지 않았다면 소통이 원활하지 않는 원인을 찾아야 한다.

감각에 몰두하는 예민한 아이

아장아장 걸음마를 뗀 아이에게 부모는 신고 벗기 편한 '찍찍이 신발'을 사 주는 편이다. 하지만 우리 집에서는 이 신발이 가장 신기기 힘든 신발이었다. 아이에게 그 신발을 신길 때마다 어찌나 실랑이를 했었는지 쳐다보기도 싫어서 보이지 않는 곳에 두기도 했다.

나는 생후 26개월 된 첫째 아이에게 찍찍이 신발을 사 준 적이 있다. 새 신발을 신고 기분 좋게 산책을 나갔는데 찍찍이가 발에 꽉 끼어서 불편하다며 울고, 찍찍이가 헐렁해서 못 걷겠다며 우는 통에 찍찍이를 뗐다 붙였다 하느라 30분 넘게 한 걸음도 가지 못한 적도 있다. 다른 아이들은 잘만 신고 다니는데 왜 우리 아이만 유별나게 구는 건지…… 그땐 우리 집 첫째가 다른 아이보다 감각이 예민한 아이인지 몰랐다.

첫째 아이는 예민한 시각 덕분에 관찰력이 아주 좋다. 1년 전에 만났던 친구의 인상착의를 정확히 기억하고, 어디를 가든지 충분히 관찰할 시간이 필요하다. 시각만큼 다른 감각도 예민해서 주위가 조금만 시끄러워도 귀를 막고, 음식에 싫어하는 재료나 향신료를 눈곱만큼 넣어도 귀신 같이 알아차리고 먹지 않는다. 이뿐만이 아니다. 침 냄새가 난다고 뽀뽀를 거부하고, 맛이 다르다며 밥과 반찬, 소스는 섞이지 않게 꼭 각각의 접시에 담아서 먹고, 별로 뜨겁지 않은 온도도 팔짝 뛸 정도로 뜨겁다며 난리 치고, 살짝 넘어졌는데 뼈가 부러진 것처럼 크게 반응하며 울고, 옷감이 조금만 까슬해도 불편하고 가렵다며 순면만 고집한다.

우리 첫째처럼 사사건건 모든 상황에 예민하게 반응한다면 유난히 민감한 감각을 가진 아이일 것이다. 감각이 지나치게 민감하면 상호작용이 다소 부족할 때가 많다. 상호작용에는 공통의 관심사를 공유하여 서로 영향을 주고받는 '공감대'가 밑받침되어야 한다. 그런데 감각이 예민한 아이는 보통의 아이와 느끼는 감각의 정도가 달라 공감대를 형성하기 어렵고 이 때문에 상호작용이 어려워 자폐스펙트럼으로 오인하기도 한다.

보통 우리는 예측 가능한 생활을 할 때 안정감을 느끼고 이 감정을 밑바탕으로 주변을 탐색하며 자연스럽게 타인과 상호작용한다. 그러나 우리 첫째처럼 세상을 다르게 경험하는 아이들이 있다. 이런 아이들은 주변에서 일어나는 사소한 자극 정보를 다른 아이들보다 크게 받아들여서 불편함과 불안감을 더 많이 느낀다.

불안감이 높은 상태에서 생활하는 건 맹수가 우글거리는 정글 한복판에 무방비하게 누워 있는 것과 비슷하다. 사람의 뇌는 안전하지 않은 상황을 인식하면 안전한 곳으로 도망치거나 상대를 공격하는 등 방어기제를 펼친다. 이와 마찬가지로 아이들도 불편한 상황을 맞닥뜨리면 생떼를 부리거나 심하게 저항하며 방어기제를 보인다.

예민한 아이는 일상이 예측 불가능한 일의 연속이라고 생각해 불안감이 높아진다. 이 불안감을 낮추며 안정감을 찾기 위해 주변 환경을 강력하게 통제하려는 성향이 나타난다. 어떤 옷을 입고, 무엇을 먹는지 아주 구체적으로 요구하는 행동은 환경을 통제하려는 양상의 예다.

긴장과 불안을 스스로 감당하고 소화해내기 어려워 '회피행동'과 '강박' 증상을 보이기도 한다. 축구를 하다가 친구와 부딪쳐서 넘어졌다면 이에 불편함을 느껴 다시는 축구를 하지 않겠다는 등 상황을 극단적으로 해석하고 판단하는 행동을 보인다. 어리면 어릴수록 삶의 경험이나 대처 능력이 부족해 작은 변화를 받아들이기 힘들어하여 부정적인 감정 표현을 많이 하는 것이다.

부정적인 감정은 또래에서 많이 발현되기도 한다. 아이들의 행동은 어른보다 더 예측할 수 없어 자신의 힘으로 통제하고 제어할 요소들이 적다고 판단한다. 또래 사이에 있으면 자기 뜻대로 되지 않아 불편한 감정이 쌓이고, 사소한 사건에도 "너랑 안 놀아!"라며 극단적으로 해석한다. 만약 기관에서는 평범하게 잘 지내는데 유독 집에서 부정적인 감정을 자주, 많이 분출한다면 기관에서 참아온 불안을 집에 오는 순간 터뜨리는 것일 수 있다. 부모에게 더 짜증을 내는 것도 자신을 조건 없이 사랑한다는 것을 알기 때문이다. 툭하면 짜증 내는 아이를 달래고 위로해주는 부모도 진이 빠지지만, 가장 힘든 건 자신의 몸이 어떻게 느끼고 왜 이런 반응을 하는지 모르는 아이 자신이다.

부모가 아이 마음속에 이런 소용돌이가 휘몰아치고 있다는 것을 안다면 조금 더 너그러운 마음으로 아이의 행동을 이해할 수 있다. 그러니 아이의 행동을 이해하지 못해 언성을 높이고 감정 싸움을 했다면 '아이가 일부러 그러는 게 아니다'라며 마음속으로 주문을 외우고, 한 번 더 사랑으로 보듬어주자.

예민한 아이를 키우는 부모가 해야 할 일

예민한 기질의 아이인 걸 알고 있지만 종종 융통성이라곤 찾아볼 수 없는 행동을 보면 답답하고 수만 가지 걱정이 든다. 감각이 예민한 아이를 키우는 부모는 엄청난 인내심을 발휘해야 한다. 별거 아닌 일에도 예민하게 받아들이는 아이와 함께 하루하루를 보내는 게 얼마나 지치고 피곤한 일인지 겪어보지 못한 사람은 모른다.

그러나 별거 아닌 일은 오로지 부모 기준에서 별거 아닌 일일 뿐이다. 아이는 실제로 훨씬 더 강한 수준의 감각을 느끼고 부모가 생각하는 것보다 더 강한 통증을 느낀다. 수많은 자극에서 자신을 보호하기 위해 나오는 아이의 부정적인 반응에 부모는 "그럴 수도 있겠네"라고 수용해줘야 한다. 그렇지 않으면 아이는 부정적인 경험이 쌓여 자신감이 떨어지고, 마음이 위축되어 잠재력을 제대로 발휘할 수 없게 된다.

감각이 지나치게 민감한 아이의 상호작용 능력을 키우기 위해선 안정감을 제공해야 한다. 상황이나 사물을 관찰할 시간을 충분히 제공하고, 아이의 적응 속도에 맞춰 주변 환경과 친해질 수 있도록 해야 한다. 시간이 지나고 다양한 경험이 쌓일수록 아이는 스스로 불안감을 감소시키는 법과 불편을 해소하는 적절한 방법을 배워나갈 것이다.

감각이 너무 예민해 감정 조절이 잘되지 않거나 활동 전환이 매우 어려워 일상생활에 지장이 있다면 '감각통합장애'를 의심해볼 필요가 있다. 아이에게 감각적인 문제가 있다고 의심된다면 전문가의 명확한 진단으로 적절한 양육 환경을 마련해주길 바란다.

혼자만의 세계에
빠지는 아이

자폐스펙트럼으로 의심하게 만드는 아이들의 특징 중 하나는 혼자만의 세계에 빠져 있다는 것이다. 아이의 이름을 몇 번씩 불러도 잘 반응하지 않는다면 부모는 바로 자폐스펙트럼을 의심하곤 한다. 주변 상황은 들리지도 보이지도 않는 듯 행동하며 자주 '과몰입' 상태에 머무는 아이, 괜찮은 걸까?

각성 조절이 어려운 아이

가끔 보면 아이가 자신만의 세계에 푹 빠져 있는 것처럼 보여서 걱정이라는 부모를 종종 만난다. 이런 아이들의 특징은 행동이나 활동이 무엇이든 어느 한 부분에 유난히 집착하고, 어떤 활동에서 그다음 활동으로 전환할 때 매번 실랑이를 한다는 것이다. 예를 들어 시간에 맞춰 외출하기, 놀다가 밥 먹기, 텔레비전을 보다가 목욕하기 등이 그렇다. 아이가 하던 일을 끊고 다른 일을 시킬 때마다 생떼를 부리는 모습을 보면 부모는 인내심의 한계를 경험한다.

호명 반응은 상대방이 나에게 전달하고 싶은 말이 있다는 의도를 파악해 하던 걸 멈추고 상대에게 집중하여 소통할 준비가 되었다고 알려주는 신호다. 약한 호명 반응은 자폐스펙트럼 초기 신호지만 호명 반응이 떨어진다는 점 하나로 자폐스펙트럼 진단을 내리기는 어렵다. 약한 호명 반응이 일어난 원인은 다양하지만 누군가 자신을 불렀을 때 반응하지 않는다는 건 단 하나의 메시지를 전달한다. 그건 바로 '지금 관심 없다'는 것이다.

주변 소리가 들리지 않고 어떤 일에 몰입하는 아이는 혼자만의 세계에 쉽게 빠지는 성향을 지녔다고 볼 수 있다. 몰입은 '집중력'이 높은 것과 조금 다르다. 집중력은 흔히 우리가 공부할 때 책상 앞에 앉아 의식적으로 교과서에 정신을 쏟아붓는 행위이지만, 몰입은 무의식적으로 집중한 상태다. 영화가 너무 재미있어서 누가 옆에서 부르는지도 모를 정도로 푹 빠진 상태를 몰입이라 부른다.

주위의 모든 것을 차단하고 온 에너지를 한곳에 쏟아 무아지경에 빠진 상태라면 이름을 불러도 잘 반응하지 않을 수 있다.

이런 성향을 보이는 아이들은 크게 '각성 조절 어려움이 있는 아이', '정서가 불안정한 아이', '자폐스펙트럼에 속하는 아이'로 나뉜다. 그중 '각성 조절에 어려움이 있는 아이'의 특징과 이유에 대해 먼저 알아보자.

각성 조절에 어려움을 보이는 아이들은 주변 환경에 크게 관심 없는 모습을 보인다. 하지만 정확히 말하자면 관심이 없는 게 아니라 관심을 가질 심리적인 여유가 없다고 보는 게 맞다. 아이들은 일반적으로 심리적 안정감을 느껴야 주변을 돌아보고, 흥미로운 활동에 참여하고, 즐겁게 상호작용하면서 다양한 언어 자극에 노출된다. 이러한 과정을 통해 배움이 확장되고, 학습의 즐거움을 느낄 때 내적 동기가 마음속에 자리 잡는다. 활동 자체에서 즐거움을 느끼면 성취감을 얻어 능동적으로 학습에 참여할 가능성이 높다. 그러나 각성 조절이 어려운 아이는 앞서 말한 경험이 제한된 상태일 수 있다.

각성이란 인간의 신체적, 심리적 반응이 깨어 있는 정도를 말한다. 하루 동안 각성은 주기적으로 올라갔다 내려오기를 반복한다. 자연스러운 각성 기복은 신체가 적당한 긴장감을 유지할 때 조절되고, 각성이 조절될 때 우린 큰 문제 없이 일상생활에 참여할 수 있다. 자주 멍하니 먼 곳을 바라보거나, 이름을 불러도 별 반응이 없거나, 반응 속도가 느리고 자신만의 세계에 빠져 있는 듯한 아이는 '낮은 각성'에 갇혀 스스로 '높은 각성'으로 올라올 힘이 부족한 것이다. 이런 아이들은 장난감 하나만 손에 쥐여줘도 혼자서 오랫동안 놀고, 손이 많이 안 가는 순한 아이였을 확률이 높다.

일반적으로 낮은 각성 상태는 깊은 수면 상태일 때다. 낮은 각성을 유지하는 아이들의 정신적, 신체적 상태는 며칠 밤을 새운 것과 비슷하다. 그래서 촉각, 시각, 청각 자극에 느린 반응을 보이거나 제대로 인식하지 못하는 것처럼 보인다. 예를 들어 물체에 쉽게 부딪히고, 뭐든지 쉽게 포기하는 무기력한 모습을 보이고, 얼굴이나 손에 이물질이 묻어도 알아차리지 못하고, 유독 활동 전환을 어려워하고, 1가지 놀이에 지나치게 집착하며 몇 시간 동안 그 놀이에서 빠져나올 기미를 보이지 않는다.

각성은 주의력, 집중력, 정보 처리 능력과 같은 인지 기능에서 매우 중요한 부분이다. 각성 상태가 적절할 때 인지 기능 또한 최적의 상태로 발휘될 수 있는데 각성이 너무 높거나 낮으면 여러 인지 기능이 저하되어 감정 조절이 어려워진다. 그래서 억지로든 필요에 의해서든 아이의 주의를 전환하려고 할 때 격한 행동을 보이거나 생떼를 부린다.

각성 조절이 어려우면 아이의 발달은 더디게 진행될 뿐만 아니라 심각한 경우에는 주의력 결핍으로 이어진다. 부모는 수많은 배움의 기회를 놓치고 있는 아이의 각성 레벨을 끌어올려 자신만의 세계에서 빠져나와 일상생활에 적응할 수 있도록 도와줘야 한다. 각성 조절이 어려운 아이에 관한 추가 내용은 127쪽에서 자세히 다루고 있으니 참고하길 바란다.

정서가 불안정한 아이

정서가 불안정한 아이는 예측하지 못한 상황을 극도로 두려워하고 외부 자극에 방어적으로 반응하므로 주의 전환이 어렵다. 한마디로 현재 안전하다고 느끼는 상황에서 벗어나 예측 불가능한 상황으로 가는 걸 싫어하는 것이다.

그래서 전환이 힘든 아이의 기준에서 모든 활동은 '정말 좋아하는 것'과 '정말 싫어하는 것'으로 분류된다. 자신이 좋아하는 것을 할 땐 자기만의 세계에 쉽게 몰입되지만, 그 밖에 다른 활동은 하기 싫어서 심하게 저항하는 모습을 보인다.

이런 성향의 아이들은 자신이 좋아하는 활동에서 다른 좋아하는 활동으로 전환할 때는 떼를 쓰거나 저항하는 빈도가 눈에 띄게 줄어들지만 좋아하는 텔레비전 프로그램을 보다가 외출할 때, 재미있게 놀이터에서 놀다가 집에 가야 할 때 등의 활동 전환은 어려워한다. 그럼에도 일상은 아이가 '선호하는 일(좋아하는 활동)'에서 '해야만 하는 일(일상생활 활동)'이 자주 일어나기 때문에 부모와 아이는 자주 싸울 수밖에 없다.

이런 성향의 아이는 사소한 일상의 흐름이 전부 변화로 느껴지기 때문에 어떻게든 활동 전환이 되지 않게 시간을 끌어보려고 무반응으로 일관하거나, 옷장에 숨거나, 심하게 저항하는 등 회피 행동을 보인다. 심지어 좋아하는 활동을 빨리 다시 하고 싶은 마음이 너무 커 좋아하는 활동 외에는 모두 방해물로 느끼는 아이들도 있다.

주의 전환을 해야 할 아이는 내 영역을 부모에게 침범당했다고 느껴 불편한 마음이 든다. 또는 부모가 재촉하는 모습에 불안감을 느껴 이도 저도 못 하는 모습을 보인다. 자신의 영역을 방해받고 싶지 않으니 매번 전환 상황을 격렬하게 거부하고, 그런 모습을 본 부모는 화를 내거나 아이의 행동을 지적한다. 반대로 아이는 지적당할까 봐 더 회피하다가 결국 부모가 억지로 상황을 통제하며 끝내는 악순환이 반복된다.

정서가 불안정한 아이를 키우는 부모가 해야 할 일

일반적으로 아이들은 하루에 예측되지 않은 계획이 많을수록 전환을 힘들어한다. 일관성 있게 하루를 계획한다면 아이들의 활동 전환에 도움을 줄 수 있을 것이다.

일관된 생활에서 우리 가정만의 '원칙'을 만들고 그 원칙을 지키는 것부터 시작해보자. 아침에 일어나면 세수하기, 하원 및 하교 후 가방 정리하고 손 닦기, 간식은 밥 먹기 2시간 전에 먹기 등 간략한 지침서를 만들어보자.

예측된 하루를 만들기 위해 반드시 지켜야 할 원칙은 아이에게 선택권을 주지 않는 것이다. 손을 닦기 싫어도 닦아야 하고, 하기 싫어도 해야 하는 일을 일관성 있게 가르쳐야 한다. 루틴 만들기에 관한 추가 내용은 237쪽에서 자세히 다루었으니 참고하길 바란다.

자폐스펙트럼을 의심해야 하는 상황(사회성)

아이를 불렀을 때 간혹 돌아볼 때도 있지만 자신이 좋아하는 것을 할 땐 집중하느라 약한 호명 반응을 보인다면 아이의 나이와 그에 맞는 사회적 기술을 고려해서 자폐스펙트럼을 의심해야 한다. 아이마다 발달 속도는 다르지만 일반적으로 생후 6개월부터 호명 반응을 보이고, 생후 6~9개월에는 일관성 있게 자신의 이름에 반응해야 한다. 그런데 생후 18개월이 지나도 눈을 잘 마주치지 않으려 하고 이름에 거의 반응하지 않는다면 자폐스펙트럼을 의심해볼 필요가 있다.

보통 아이에게 '사회성' 하면 사람을 좋아하고, 낯을 가리지 않아 누구한테도 잘 가는 아이를 떠올린다. 그러나 이건 어린이에게 해당되는 사회성이고, 영유아 시기의 사회성은 정반대의 행동으로 나타난다. 생후 6개월 무렵 낯가림이 나타나야 하는 시기에 낯을 가리지 않거나, 생후 9개월 무렵 분리불안이 나타나야 하는 시기에 부모와 쉽게 분리되고 다시 만나도 반가워하지 않는 모습을 보인다면 향후 자폐스펙트럼으로 진단받을 가능성이 높다.

따라서 주 양육자 외 낯선 사람을 만나면 엄마를 가장 먼저 찾고 엄마에게 매달려 낯선 사람을 유심히 쳐다보며 경계하는지, 엄마가 잠시 외출하려 해도 불안해하고 울며 따라가려 하는지, 껌딱지처럼 잠시도 떨어져 있기 싫어 칭얼거리며 쫓아오는지 관찰하자. 이는 정상 발달에서 보이는 자연스러운 사회적 관계를 배우는 기초 단계다.

만 3세 이후에는 또래에 대한 관심이 현저히 부족하고, 특이한 톤이나 리듬으로 말하거나, 반복적인 놀이 행동을 보이고, 자신의 필요에 의해 간단한 표현은 해도 감정을 공유하는 표현을 거의 하지 않는다면 자폐스펙트럼을 의심해볼 수 있다.

만 3세가 지났고 앞에 서술된 모습을 간혹 보여서 확신이 들지 않는다면 인형을 가지고 역할 놀이를 하는지, 가지고 놀던 장난감을 들고 와서 엄마에게 보여주며 주의를 끌려고 노력하며 아이 나이에 맞는 사회적 기술을 습득했는지 살펴보자.

혼자만의 세계에 쉽게 빠져 주의 전환이 어려운 아이들의 모습은 부모를 지치게 하거나 화나게 한다. 하지만 아이의 행동은 부모를 힘들게 하려는 의도가 아니라 마음의 준비가 조금 더 필요하다는 신호다. 아이가 마음의 준비를 할 수 있도록 조금만 더 천천히 접근해보자. 지금 가장 힘든 건 부모가 아니라 아이일 수도 있다. 아이를 돕기 위해선 나의 화를 잠시 내려놓고 아이의 세계로 들어가 먼저 손을 내밀어줘야 한다.

어디선가 들은 말을
자꾸 반복하는 아이

묻는 말에 답하기보다 부모의 말을 그대로 따라 하기, 시도 때도 없이 책에서 본 내용 읊기, 본인이 관찰한 현상을 있는 그대로 서술하기, 영화에서 본 내용을 되뇌인다거나 혼자서 상황극을 하는 모습 등을 본다면 '이런 모습을 보여도 괜찮은 걸까?', '원래 말이 트이기 전까지 이런 걸까?'란 고민에 빠지게 된다.

말이 느린 아이들 중에는 적재적소에 자발적으로 말하기보다 모방하듯 부모의 질문을 그대로 따라 하거나 어디서 들은 문장을 통째로 외워 읊는 경우가 있다. 언어 습득 과정에서 모방은 흔히 볼 수 있으나 아이의 입에서 나오는 대부분의 말이 모방뿐이라면 그 행동 뒤에 숨은 원인이 무엇인지 살펴봐야 한다.

들은 말을 따라 하는 아이

들은 말을 되뇌이는 것은 자폐스펙트럼의 대표적인 초기 신호다. 아이가 이런 양상을 보이면 부모는 걱정하다 끝내 '내가 너무 신경을 못 써 줬나?', '아이 혼자 보내는 시간이 많았나?', '미디어 노출이 너무 과했나?'라며 죄책감을 안고 병원이나 치료 센터를 방문한다. 상황에 따라 전문가는 단순한 언어 발달 지연이라고 소견을 내리는데 이때 부모는 내심 안도하면서도 좀처럼 나아지지 않는 상황에 스스로 자폐스펙트럼으로 단정짓거나, 다른 병원이나 치료 센터를 찾아야 하는 건 아닌지 고민한다.

아이가 말을 그대로 따라 하는 이유는 크게 2가지가 있는데 그중 하나가 문장을 통째로 외워버리는 경우다. 말을 그대로 따라 하는 것을 '반향어'라고 한다. 반향어는 '즉각 반향어'와 '지연 반향어'로 나뉜다.

즉각 반향어는 앵무새처럼 들은 즉시 말을 따라 하는 것을 말한다. 예를 들어 아이에게 "수박 먹을래?"라고 물어보면 아이는 "수박 먹을래?"라고 말하는 행동이다.

지연 반향어는 이전에 비슷한 상황에서 들었던 말을 기억하고 반복적으로 따라 하는 것이다. 식탁에 있는 수박을 보고 "수박 주세요"가 아닌 "수박 먹을래?"라고 말하거나 아침에 텔레비전에서 들은 "좋은 아침입니다"라는 문구를 지나가는 모든 사람에게

"좋은 아침입니다"라고 말하며 다니는 경우다.

즉각 반향어와 지연 반향어는 자폐스펙트럼 아이들 중 80% 이상이 보이는 특징이지만, 일반적인 언어 발달에서도 흔히 나타나는 모습이다. 생후 9~12개월부터 아이들은 모방을 하며 언어를 습득하고 보통 만 3세 무렵에는 이 행동이 거의 소멸한다.

일반 언어 발달 과정에서 나타나는 반향어와 자폐스펙트럼 반향어의 주요 차이점은 '반향어가 나타나는 맥락'이다. 일반 언어 발달에서 나타나는 반향어는 주로 아이가 대화를 시작할 때나 반응할 때 사용하는 반면, 자폐스펙트럼 반향어는 대화 주제와 상관없이 혼잣말처럼 무작위로 나타나거나 현재 대화 주제와 직접적인 관련이 없는 경우에도 사용된다.

질문을 이해하지 못하는 아이

만약 상호작용도 잘되고 보디랭귀지(비언어)를 사용하며 의사 표현도 할 수 있지만, 만 3세가 지나도 부모의 말을 따라 하거나 질문에 답하지 않고 질문을 그대로 따라 한다면 들은 말을 잘 이해하지 못해 그대로 반복하는 수용언어 지연일 가능성이 높다. 예를 들어 "오늘 학교 어땠어?", "어떻게 해줄까?", "언제 그랬는데?", "왜 그래?"와 같은 질문을 했을 때 대답을 하지 않고 질문을 따라 한다면 다음 3가지 사항을 확인해보자.

☐ 물건을 가리키며 "이게 뭐야?"라고 물으면 알맞게 대답을 하는가?
예: 사과를 가리키며 "이게 뭐야?"라고 물을 때 "사과"라고 답한다.

☐ 2가지 선택권을 제공했을 때 알맞게 대답을 하는가?
예: "물 줄까? 우유 줄까?"라고 물을 때 "물" 또는 "우유"라고 답한다.

☐ 네, 아니요 형식의 질문에 정확하게 대답하는가?
예: "뚜껑 열어줘?"라고 물을 때 "네" 또는 "아니요"라고 답한다.

이 3가지 질문에 '아니요'라는 답이 하나라도 있다면 질문 수준이 아이에게 높다고 해석할 수 있다. 일반적으로 생후 30개월 전후에는 '네/아니요' 형식의 질문에 일관되게 대답하고, 2가지 선택권형 질문을 했을 때 '무엇'과 '어디'에 관련된 질문에 답할 수 있다. 예를 들어 "이게 뭐야?", "○○는 어디 있어?", "잠은 어디에서 자?"라고 물으면 알맞은 답을 말하거나 손으로 가리키는 것이다. 이처럼 '무엇'과 '어디'와 같은 구체적인 개념을 이해하고 답을 할 수 있어야만 '누가', '언제', '어떻게', '왜', '얼마나'와 같은 추상적인 개념을 이해할 수 있다.

아이가 간단한 지시를 수행할 수 있고, 의미 있는 단어를 써서 기본적인 의사 표현을 할 수 있고, 부모의 말을 모방한다면 단계별로 질문에 답하는 방법을 알려주고 일상에서 꾸준히 소통 연습을 해보자. 예를 들어 '네/아니요' 형식의 질문인 "주스 마시고 싶어?"라는 질문에 일관적으로 대답을 유도하고, 그다음 '2가지 선택권형' 질문인 "포도 주스 마실래? 사과 주스 마실래?"라는 질문으로 알맞은 답을 선택할 수 있게 유도해보자. "어떤 주스 마실래?"라는 질문을 던져 '무엇'이라는 개념을 이해하고 적절한 답을 하는 연습을 하는 것이다.

게슈탈트 학습자 아이

질문을 이해하지 못해서 말을 그대로 따라 하는 아이가 있는 반면 책에서 본 내용을 그대로 읊거나 영화에 나온 대사를 혼자 되뇌는 '게슈탈트 학습자Gestalt learner'에 속하는 아이들이 있다(자폐스펙트럼 아동들 중 대부분이 이 방식으로 말을 배운다).

게슈탈트는 독일어로 '전체'를 의미하는데 이런 아이들은 문장을 통째로 외우고 전체 문장을 따라 하며 말을 배운다. 단어의 의미를 이해하고 여러 개의 단어가 모인 문장을 이해하는 일반적인 언어 습득 과정과 다르게 단어보다 억양을 기억하고, 구체적인 상황, 공간 및 시간에 대한 출처를 기억해 외웠던 문장을 사용하곤 한다. 그래서 무언가를 하기 싫거나 그 자리를 떠나고 싶을 때 "여기는 위험 지대, 빨리 도망칠 준비를 하자!"라고 말을 하는데 이는 그만하고 싶다는 표현이다.

게슈탈트의 또 다른 예를 들어보자. 부모가 "기저귀를 가방에 넣을래?"라고 말하면 기저귀를 가방에 넣을 수 있는 게슈탈트 학습자에 속하는 아이가 있다고 가정해보자. 이 아이에게 "기저귀 옷장에 넣을래?"라고 물어본다면 아이는 기저귀를 가방에 넣을 확률이 높다. 왜냐하면 "넣을래?"가 포함되면 '어디에'에 상관없이 하나의 특정 상황으로 연관시켜버리기 때문이다.

반향어에 있어서 가장 중요한 건 문장을 의도적으로 반복하는지 아니면 상황에 맞지 않게 반복하는지 구분하는 것이다. 배고픔을 표현하기 위한 수단으로 "잘 먹겠습니다"라는 문구를 사용하는 것은 의도적인 의사 표현이지만, 현재 상황과 무관하게 읽었던 책을 낭독하는 형태의 지연 반향어는 흥분되거나 압도된 마음을 진정시키기 위한 수단으로 사용될 수도 있어 스트레스의 원인을 파악해야 한다.

앞서 말한 "잘 먹겠습니다"는 의도가 있는 말이지만 "배고파요", "밥 주세요"와 같은 적절한 표현 방식을 반복적으로 알려줘야 한다. 아이가 식탁에 앉아 "잘 먹겠습니다"라고 하면 "아~ 배고파요~"라고 말해주면서 모방을 유도해보자.

반향어를 쓰는 아이를 위한
부모의 역할

　반향어는 아이가 효율적으로 소통하는 법을 배울 수 있도록 돕는 훌륭한 디딤돌이 될 수 있다. 그러나 부모는 반향어를 사용하지 못하게 하고 상황에 맞는 말을 가르치기 위해 부단히 노력한다. 이는 마치 피부 발진이 난 곳에 연고만 바르고 발진이 난 이유를 알아보지 않는 것과 같다. 반향어를 쓰는 건 아이가 소통하려는 표현 방식 중 하나이기 때문에 부모는 아이의 마음을 읽고 이해해야 한다.

　모든 사람은 각자 자신이 선호하는 학습 방법이 있다. 어떤 사람은 영어를 배울 때 단어 먼저 외우고 단어를 조합해 문장을 쓰고 말하는 사람도 있고, 어떤 사람은 문장을 통으로 외운 뒤에 그 문장들을 쪼개 상황에 알맞게 응용하면서 배우는 사람도 있다. 아이가 언어를 학습하는 방법도 마찬가지다. 아이마다 학습 방식이 다르니 부모가 옳다고 생각하는 학습 방식을 선호하려 하지 말자.

　의학적 진단을 떠나 아이들에게 필요한 건 머릿속에 있는 언어를 쪼개 부모와 교감할 수 있도록 도와주는 도움의 손길이다. 자폐스펙트럼이 의심된다면 전문적인 평가를 받아 일방적인 소통을 하는 날보다 서로 원만한 소통을 하는 날이 찾아오길 바란다.

고집이 세고 사소한 것에 집착하는 아이

항상 가던 길로 등교해야 하고, 숫자에 지나치게 집착하고, 매번 듣던 순서대로 노래를 들어야 직성이 풀리고, 놀이를 할 때 마음대로 규칙을 바꾸며 상황을 통제하고, 자신이 계획한 대로 되지 않으면 심하게 저항하고, 특정 사물 또는 신체 부위에 집착하고, 질서가 흐트러지면 견디기 힘들어 난리 치고. 뭐 하나 그냥 넘어가는 법이 없는 아이를 보면 자폐스펙트럼은 아닐지 걱정하는 부모가 있다.

아이들은 왜 이렇게 비합리적으로 강박적인 행동을 보이고 고집을 부리는 걸까? 이 행동에 숨겨진 아이의 속마음을 이해하고 내 아이를 어떻게 바라보고 대해야 하는지 하나씩 배워보자.

아이가 일부러
고집 부린다는 착각

기질은 성격과 다르게 변하지 않는 성질이다. 이 기질로 아이들은 저마다 행동 특징을 갖는다. '느린 기질Slow to warm up'을 갖고 태어난 아이들은 조심성이 많아 변화를 받아들이고 낯선 환경에 적응하는 데 시간이 오래 걸린다.

부모는 매사 우물쭈물하고 답답하게 행동하는 아이를 보며 사회생활에 적응하지 못할까 걱정되는 마음에 성급하게 아이를 가르치거나 빨리하라고 강요하게 된다. 간혹 아이에게 자율성을 길러주고 싶어서 스스로 할 수 있을 때까지 기다려보지만 세월아 네월아 하는 아이를 보면 나도 모르게 억압적이고 통제적인 말만 하게 된다.

"이거 아님 이거?", "빨리 골라 시간 없어!", "엄마가 몇 번 말했지?", "동생은 벌써 다 끝냈는데 너는 왜 아직도 그러고 있니?" 등의 말을 할수록 아이는 부모의 바람과 정반대로 행동하거나 움츠러들고 거부하고 상황을 통제하려는 강박 행동을 보일 가능성이 높다.

느린 기질을 가진 아이들을 키우는 부모는 첫째도 인내, 둘째도 인내, 셋째도 인내해야 한다. '아이는 부모가 기다려주는 만큼 자란다'는 말처럼 부모의 속도가 아닌 아이의 속도에 맞춰 아이가 변화에 익숙해질 때까지 충분한 시간을 제공하고 지켜봐야 한다.

아이들은 부모가 생각하는 것보다 훨씬 더 많은 능력을 가지고 태어난다. 하지만 안타깝게도 그 능력을 발휘할 수 없는 상황에 자주 놓인다. 그러니 오래 걸려도 괜찮다는 마음을 담아 아이가 스스로 선택하고 도전할 수 있도록 응원해주자. 넘어져야 일어나는 법을 배우듯이 조금 풀어준다는 느낌으로 천천히 기다려주는 연습을 해보자.

정서적 자극이 부족한 아이

고집이 세고 사소한 것에 집착하는 행동을 보이는 또 다른 이유는 '정서적 발달 자극이 부족한 환경'에서 자란 경우다. 이러한 환경에서 지내온 아이가 부모에게 가장 많이 들었을 말은 "또 왜 저래?" 같은 뉘앙스가 담긴 말일 것이다. 올바른 정서적 상호작용을 하고 싶다면 아이의 감정을 애정 어린 마음으로 만져주고 교감하여 반응해주는 것을 우선으로 해야 한다.

영유아 아이들의 뇌는 주 양육자의 표정, 목소리 톤과 같은 비언어적인 신호에 반응하면서 감정을 처리하는 신경 세포를 성장시킨다. 다시 말해 영유아 때 받은 부모의 애정 어린 공감은 아이의 뇌를 발달시키고 정서적 안정감을 주는 것이다.

잘 놀던 아이가 발을 동동 구르며 울고불고 난리를 칠 때 "마음대로 안돼서 짜증 나?", "혼자 해보려는데 잘 안돼서 속상해?"와 같은 말을 하며 아이가 보내는 감정적 신호에 따뜻하게 반응해주면 아이는 나에 대한 신뢰와 믿음을 가질 수 있고, 부모라는 든든한 안전 기지가 있다고 생각한다.

반면 어떤 행동을 보여도 아이의 마음을 알아주지 않거나 전혀 관심을 받지 못하는 환경에서 자랐다면 아이는 마음 한구석에서 지워지지 않는 허전함을 느끼고 있을 가능성이 크다. 이런 공허함을 채우기 위해 머리카락이나 겨드랑이 같은 타인의 특정 신체 부위에 집착하거나 손가락을 빠는 등 강박적인 모습을 보일 수도 있다. 이를 방지하기 위해서는 아이가 보내는 감정적 신호에 즉시 반응을 해줘야 한다.

부모가 어린 시절 공감을 받지 못하고 자랐다면 자식에게 적절한 반응을 해주고 교감하기가 어려울 수 있다. 그럴수록 남들보다 더 연습하고 노력해야 한다. 설령 아이의 마음을 온전히 이해할 수 없어도 진심으로 공감해 준다면 아이는 부모를 의지할 수 있는 사람으로 기억한다.

자폐스펙트럼을
의심해야 하는 상황(강박)

융통성이 없고 동일성에 과도한 집착을 보이며, 반복적인 일상에서 작은 변화만 생겨도 격하게 저항하고 지나치게 고통스러워한다면 자폐스펙트럼 성향을 보일 가능성이 높다.

앞서 언급한 상황과 비교해 도드라지게 드러나는 차이점은 일상에서 나타나는 강박 성향이다. 강박 성향은 특정 물건에만 집착을 보이는 것이 아니라 장난감을 가지고 놀 때, 신발을 벗을 때, 색연필을 정리할 때 등 모든 영역에 있어 크기별로 혹은 색깔별로 규칙을 만들어 배열하거나 타협이 안 될 만큼 집착과 고집 부리는 모습을 말한다. 자신이 세운 규칙에 변수가 생겼을 때 아이의 반응 강도를 유심히 관찰하여 전문가의 명확한 진단과 평가를 받아보길 바란다.

정상 발달을 보이다가
말문을 닫아버린 아이

기존에 이미 도달한 발달 지점에서 현재 연령과 맞지 않게 역방향으로 되돌아가는 것을 '퇴행'이라고 한다. '언어 퇴행'이란 이전에 습득했던 의사소통 능력이 점차 저하되는 현상을 의미한다. '엄마', '아빠'와 같은 초기 단어를 말로 표현했지만 더는 부르지 않는다거나, 1개 단어로 의사 표현을 하다가 옹알이 비슷한 말과 몸짓으로 자신의 요구를 전달하거나, 원하는 것을 몸짓으로 전달할 수 있었는데 현재는 울음으로 욕구를 표현하는 경우가 언어 퇴행의 예다.

연구에 의하면 언어 퇴행은 인지적 또는 근본적인 발달 문제가 있을 가능성이 높고, 자폐스펙트럼을 포함한 몇 가지 잠재적 발달장애가 있을 수 있다고 한다. 자폐스펙트럼의 주요 초기 증상으로 언어 퇴행을 경험하는 아이들이 많다. 하지만 아이마다 나타나는 시기도 다양하고 발달 수준에 따라 퇴행의 모습도 다르므로 이것만으로 자폐스펙트럼을 단정하기는 어렵다.

병명을 진단받기 전에 '언어 발달 지연'과 '언어 퇴행'의 차이점을 먼저 이해해야 한다. 일반적으로 언어 발달 지연은 연령에 비해 말이 느린 것을 말한다. 지연이 있는 모든 아이는 자신만의 속도로 언어를 습득하고, 그중 일부는 정상 언어 발달을 보이는 아이들의 언어 수준을 따라잡기도 한다.

언어 발달 지연과 달리 언어 퇴행은 특정 의사소통 기술이 부족한 것이 아니라 '이미 습득한 기술이 사라지는 것'이다. 만 3세 아이가 아직 한 번도 문장으로 말하지 않고 단어 1개로만 의사를 표현한다면 이것은 언어 발달 지연이다. 반면에 말을 곧잘 했던 만 3세 아이가 어느 순간 자기 연령보다 어린 아이의 행동과 말투를 하고 아기처럼 행동하는 것은 퇴행이다.

언어 발달 퇴행은 크게 '전형적인 발달 단계에서의 퇴행', '트라우마로 인한 퇴행', '자폐스펙트럼 퇴행'으로 나눈다. 여기에서는 퇴행의 원인과 어떤 도움을 줘야 하는지 알아보도록 하자.

언어 퇴행의 3가지 원인

모든 아이는 언어 발달 과정에서 어느 정도의 퇴행을 경험한다. 전형적인 발달 단계에서 일시적으로 나타나는 퇴행은 신체를 포함한 다른 영역의 기술을 습득하려고 할 때 '도전적인 상황 Developmental leaps'에서 자연스럽게 발생할 수 있다. 이는 '전형적인 발달 단계에서의 퇴행'이다.

짧은 시간 동안 놀랄 만큼 빠르게 성장하는 영유아기 아이들은 가끔 성장하는 데 에너지를 모두 쓴 상태가 되기도 한다. 잠을 잘 자던 아이가 이가 나는 시기엔 보채고 비명을 지르며 잠을 못 이룬다거나, 배변 훈련을 시작할 때나 걷는 법을 배울 때 며칠 또는 몇 주 동안 언어 퇴행을 보이기도 한다. 즉, 다른 발달 영역을 익힐 때 기존에 발달된 영역에서 퇴행을 보이는 셈이다. 이러한 과정은 영유아 아이들에게 매우 흔하게 일시적으로 일어나는 현상이다. 다른 발달 영역에 초점을 맞춰 온 에너지를 쏟아 새로운 기술을 획득한 뒤에는 다시 전처럼 모든 영역에서 정상 발달을 보인다.

단어로 의사소통을 하던 아이가 옹알이를 할 때, 말로 자신의 욕구를 잘 표현하다가 손가락으로 욕구를 가리키는 행동을 할 때, 당당하게 말했던 아이가 낯선 사람들 앞에서 갑자기 부끄러워하며 말하지 않을 때는 일시적인 언어 퇴행이라고 볼 수 있다.

트라우마로 극한 스트레스를 받았을 때도 퇴행 행동이 나타난다. 사랑하는 사람을 잃거나 동생이 태어났을 때와 같은 갑작스러운 변화가 생겼을 때 나타난다. 이외에도 낯선 곳으로 이사를 간다거나 부모간의 심한 갈등, 강압적인 가정환경 등 외부 요인으로 감당하기 힘든 스트레스를 받을 때도 나타난다. 이는 '트라우마로 인한 퇴행'이다. 만 5세 아이가 동생을 본 후 갑자기 갓난아기처럼 행동하는 것은 심리적으로 불안하다는 신호다. '엄마, 나도 좀 봐줘!'리며 나름의 살아남기 위한 표현이다. 이러한 행동을 하면 혼내지 말고 충분한 애정과 긍정적인 관심을 보여야 한다.

퇴행은 자신이 가장 안전했다고 느끼는 때로 돌아가는 '피난 수단'으로 쓰이기도 한다. 그래서 보통 불안을 유발하는 큰 사건이 일어나 스트레스가 쌓이거나 극에 달하면 퇴행을 일으킬 수 있다. 퇴행 행동을 방치하면 우울증, 불안장애, 언어 및 행동장애로 발전할 가능성이 있으므로 트라우마로 보이는 퇴행 행동은 전문가와 상의해보길 바란다. 이런 양상의 퇴행은 명확한 원인을 파악하고 스트레스 해소법을 배우면서 개선할 수 있으니 걱정하지 않아도 된다.

자폐스펙트럼에서 나타나는 퇴행

앞서 언급한 바와 같이 전형적인 퇴행이나 압도적인 큰 사건으로 발생한 퇴행 행동이 아니며, 정확한 원인을 찾아낼 수 없는 경우 자폐스펙트럼의 초기 신호라고 생각해봐야 한다. 자폐스펙트럼으로 인한 퇴행은 사회적 의사소통 기술이 상실되고, 비언어적 의사소통인 눈맞춤, 표정, 반응 등이 점점 줄어들고 타인에 대한 관심과 상호작용 욕구가 줄어드는 모습을 보인다.

언어 퇴행을 자폐스펙트럼 신호로 알아차리기는 쉽지 않다. 불과 얼마 전까지만 해도 자폐스펙트럼이라고 상상조차 할 수 없을 정도로 아이의 언어가 정상 발달을 보였기 때문이다. 실제 상담실을 찾아온 부모도 왜 좀 더 일찍 알아차리지 못했는지, 조금 더 신경 써주지 못해서 이렇게 된 건 아닌지, 분명 잘 웃어주고 말도 곧 트일 것 같았는데 어떤 걸 놓친 거냐며 죄책감을 느낀다.

자폐스펙트럼으로 의심할 만한 퇴행은 조금씩 몇 개월에 걸쳐 발달 기능을 상실하는 경우가 많아 쉽게 눈치채지 못한다. 이전에 또래에게 관심을 보였던 아이가 더는 관심을 보이지 않고 혼자 놀거나, 주변의 사물을 가리키며 원하는 것을 요구했지만 더 이상 다른 사람의 관심을 끌기 위해 시도조차 하지 않는 모습을 보인다거나, 예전보다 눈맞춤 횟수가 줄어들고 표정이 점차 없어지는 것 같다면 자폐스펙트럼 퇴행을 의심해봐야 한다.

아이마다 발달 속도가 다르므로 일반적으로 만 2세는 명확하게 퇴행을 판단하기 어려워 자폐스펙트럼을 염두에 두고 추적 관찰하는 경우가 많다. 이런 성향이 있는 아이는 사회적 의사소통 기술 퇴행 외에도 다음과 같은 행동을 보일 수 있다.

자폐스펙트럼 특징 중 일부 행동

☐ 어디서 들은 문구나 단어를 반복하는 행동을 보인다(반향어 사용).
☐ 사회적 상호작용에 거의 관심이 없고 언어적, 비언어적 의사소통에 어려움을 보인다.

사회적 의사소통 능력을 포함하여 아이의 일상생활에 눈에 띄게 영향을 미칠 정도로 지속적인 퇴행이 있는 경우 자폐스펙트럼을 배제하기 위해 전문가와 상담해보자. 아이에 대한 보호 본능과 직감은 부모만의 초능력이다. 부모의 직감을 절대 무시하지 말고 발달 문제가 의심될 경우 명확한 진단과 평가를 받아보자.

CHECK POINT 1

감각통합장애

'감각통합장애'는 뇌가 신체와 환경에서 들어오는 감각 정보를 적절히 읽어내지 못하고 비효율적으로 처리하는 신경 계통 장애이다. 감각 정보를 효율적으로 처리하지 못하면 주의 집중력, 행동, 언어, 정보 처리 등 다양한 발달 영역에 나쁜 영향을 미치는데 이를 방치할 경우 학습장애와 언어장애를 유발할 수 있다.

아이가 또래보다 특이한 행동이나 특정 행동을 지나치게 많이 한다면 감각통합장애를 고려해볼 필요가 있다. 조기에 발견하여 적절한 전문적 도움을 지속해서 받는다면 일상생활을 하는 데 큰 불편함을 느끼지 않을 수 있다. 그러므로 평가가 필요하다고 느낀다면 감각통합 작업치료사에게 하루빨리 문의하는 것이 좋다.

다음은 감각통합장애를 판단해보는 표다. 문항 중에 1개 이상 해당된다면 아이는 감각통합의 어려움을 느낄 가능성이 높다.

감각통합장애 체크 리스트

- ☐ "잠옷 입어", "앉아서 먹어", "손 닦아" 등 익숙한 일상 루틴에 대한 간단한 지시를 따르는 것을 유난히 힘들어한다.
- ☐ 활동 전환이 느려 지각을 하거나 약속을 못 지키는 등 사건 사고 없이 지내는 게 어렵다.
- ☐ 울음이 잦고 한 번 울면 진정시키기 어려워 독립적으로 일상 활동에 참여하기 힘들다. 지나친 감정 기복, 충동성이 있거나 과분하게 에너지를 방출한다.

일상에 영향을 받는 '정도'에 따라 치료의 필요성을 고려해 봐야 한다. 문제 행동이 지속해서 여러 환경에서 나타나거나 문제 행동이 아이의 생활에 영향을 미치면 잘 살펴봐야 한다.

CHECK POINT 2

사회적의사소통장애

태어났을 때부터 소통이 어려운 아이들이 있다. 또래 친구에게 관심은 있지만 함께 노는 법을 모르고, 융통성 없이 말도 있는 그대로 듣고, 질문에 맞지 않는 엉뚱한 말을 자주 하고, 상대방이 관심 없어도 자신이 하고 싶은 말만 하고, 특정 상황이나 연령에서 사용하지 않는 독특한 언어를 사용한다면 '사회적의사소통장애'를 의심해볼 필요가 있다.

사회적의사소통장애는 사회적 상호작용에서 사용하는 화용언어 발달에 어려움이 있어 일방적인 소통을 하는 발달장애다.

화용언어란 상황과 맥락에 맞게 언어를 적절하게 사용하는 능력이다. 화용언어가 뛰어난 사람은 상대방의 말에 귀를 기울여 경청하고, 말 뒤에 숨겨진 미묘한 의도를 잘 파악하고, 그에 알맞은 반응을 잘해 어딜 가나 존재감이 드러나고 대인관계도 좋다.

반대로 화용언어가 부족하면 상대방의 의도를 이해하거나 파악하기 어려워 공감 능력이 떨어지고, 상황에 맞지 않는 엉뚱한 말을 하거나, 문맥에 맞지 않는 언어를 사용해 상호작용이 부족해 보인다. 그래서 또래 관계에서 고립되어 존재감을 상실할 때가 많다. 이런 경우 긍정적인 상호작용 경험보다 타인에게서 거부당한 경험이 훨씬 더 많아 거절에 과민하게 반응하고 불안감을 잠재우기 위해 방어 행동을 취하기도 한다.

다음은 화용언어 능력을 보는 테스트다. 문항 중에 1개 이상 해당된다면 화용언어 능력에 어려움이 있을 가능성이 높다.

화용언어 능력 체크 리스트

- ☐ 대화할 때 아래를 내려다보거나 옆을 쳐다보는 경향이 있다.
- ☐ 표정, 몸짓, 억양 등 비언어의 의도를 파악하기 어려워한다.
- ☐ 대화 주제에 집중하지 못하고 자신이 하고 싶은 말만 한다.
- ☐ 문맥에 맞지 않는 언어를 자주 사용한다.
- ☐ 사회적 상황을 잘 이해하지 못한다.

사회적의사소통장애를 진단할 때는 사회적 맥락 안에서 언어적, 비언어적 언어를 사용하는 데 지속적인 어려움을 겪는지에 초점을 둔다. 사회적 상호작용과 의사소통이 어려운 면만 봤을 때 자폐스펙트럼과 헷갈릴 수 있지만 차이점은 '범위'와 '동반되는 증상'이다.

사회적의사소통장애는 자폐스펙트럼에서 흔히 볼 수 있는 제한된 관심사와 반복적 행동과 같은 관련 증상이 없으며 사회적 맥락에서 언어를 이해하고 사용하는 데만 어려움을 보인다. 다시 말해 지능에 문제가 없음에도 언어적, 비언어적 의사소통에만 어려움을 보이는 아이들을 말한다. 종종 관심사를 추구하는 방식이 다르거나, 반복적인 행동을 하거나, 감각에 민감하게 반응할 때도 있지만 의사소통에 큰 어려움을 보일 때 사회적 의사소통 장애에 포함된다.

아이의 원활하지 않은 소통이 일상생활에 영향을 주는 것 같다면 전문가의 상담 및 평가를 받아보는 것이 좋다. 나이가 들수록 의사소통 빈도가 증가하고 사회적 기술 또한 다양하고 복잡해지므로 최대한 빨리 개입하여 적절한 도움을 준다면 아이의 삶의 질을 높일 수 있을 것이다.

화용언어 발달에 필요한 화용언어 기술 정리

1. 언어를 사용하는 방식
   - 다양한 목적으로 언어를 사용할 수 있게 도와준다(인사하기, 도움 요청하기, 거부하기 등).
   - 상황이나 사람에 따라 언어를 조정해준다(나보다 어린 사람을 대할 때와 어른에게 말할 때의 차이 알기).
   - 상황에 따라 목소리 볼륨 및 억양 조절해준다.
   - 대화의 흐름에 따라 상황을 해석해준다(상대가 알아들을 수 있도록 설명하기, 상대방의 비언어적 행동이 어떤 메시지를 전달하는지 해

석해주기 등).

2. 비언어적 언어

- 눈맞춤을 적절하게 사용하고 유지하게 도와준다.
- 자세와 얼굴 표정을 이해할 수 있게 도와준다.
- 표현을 돕기 위해 몸짓을 어떻게 사용하는지 알려준다.
- '개인 공간 Personal space'을 이해하게 도와준다. 예고 없이 불쑥 문을 열고 들어가거나, 상대방이 원치 않는 신체 접촉으로 불편함을 느낀다면 한 발 물러서서 대화하는 습관 등 사적인 개인 공간을 존중하는 습관을 형성해준다.
- 상대방의 관심사를 파악하고 필요에 따라 수정하는 방법을 도와준다.
- 애정 표현에 적절하게 반응하는 방법을 알려준다.

3. 대화

- 대화를 시작하는 방법을 알려준다.
- 주제에 머무는 방법을 알려준다.
- 주제에 기여하는 방법을 알려준다.
- 주제에 맞는 대화를 이끌어가는 방법을 알려준다.
- 번갈아가며 대화하도록 도와준다.
- 적절하게 말을 끊는 방법을 알려준다.
- 자연스럽게 대화 주제를 바꾸는 방법을 알려준다.

- 유머를 사용하도록 알려준다.
- 간접적인 표현이나 비유적 언어를 이해하도록 돕는다.

· PART 3 ·

언어 발달 특징 및 육아 태도 점검
(순차적 언어 발달)

언어 발달의 첫 번째 단계: 감각통합

나는 지금껏 만난 모든 부모에게 "아이는 몸이 준비되어야 말을 배웁니다"라는 말을 전했다. 어떤 고민이든 어느 발달 단계에 있든 상관없이 말이다. 10명 중 9명의 부모는 언어 치료를 받으러 왔다가 '말'이 아닌 '몸' 얘기를 듣곤 무슨 말인가 하며 어리둥절한 표정으로 나를 바라본다.

'말'은 소통을 위한 도구일 뿐이다. 소통을 하기 위해선 상대방에게 주목하고 상대의 의도를 알아차려 이해하는 공감대를 형성해야 한다. 그 공감대를 형성하려면 언어 발달에 기초가 되는 '자기 조절 능력'을 키워야 하는데, 이것이 앞에서 말한 '몸'이다. 이 능력이 낮으면 의미 있는 소통을 할 수 없다.

전문가는 자기 조절 능력을 '감각통합'이라고 부르는데 감각통합이 무엇인지 깊게 알아보자.

각성 조절이 어려운 아이

　소아재활전문병원에서 일했을 때 말이 느려 찾아온 만 5세 남자 아이가 있었다. 그 아이는 매번 학교 수업이 끝나고 급하게 오느라 치료 시간을 훌쩍 넘겨서 오는 경우가 허다했다. 병원에 도착해서는 단 30초도 가만히 있지 못하고, 바닥을 구르거나 책상 밑에 들어가 숨고, 위험한 곳만 찾아다니며 뛰어내리는 등 제멋대로 행동했다. 모든 게 귀찮은 듯 의욕이 없어 보이는 날도 많았다. 상황이 이러니 목표했던 치료는커녕 진행조차 버거운 날들이 이어졌다.

　그러던 어느 날 아이의 치료 순서를 바꿔야 하는 날이 생겼다. 아이는 본래 언어 치료 후에 작업 치료(의미 있고 목적 있는 활동(작업)을 통해 일상에 적응하고 참여할 수 있도록 돕는 치료)를 받았는데 그날은 작업 치료 후에 언어 치료를 받아야 했다. 작업 치료를 받고 온 아이는 천방지축이었던 모습은 온데간데없고 너무나도 차분하게 걸어와 의자에 앉았다. 같은 아이라고 믿지 못할 정도로 바뀐 모습에 어리둥절했다.

　이 아이에게 무슨 일이 있었던 걸까? 수백 번을 넘게 올바른 행동을 가르치려 해도 큰 변화가 없던 아이에게 작업치료사는 무엇을 어떻게 한 걸까? 나는 언어 치료를 끝내고 바로 아이를 치료했던 작업치료사에게 가서 질문을 쏟아냈다. 이때 '감각통합'을 알게 되었다.

말이 느린 아이들 중 대부분은 각성 조절이 어려워 학습에 어려움을 겪고, 별것도 아닌 일로 난리를 치며 떼를 쓰고, 수업에 방해가 될 만큼 충동적인 행동을 하고, 규칙을 지키지 못하고, 갑자기 소리를 꽥 지르는 등 문제아처럼 보이는 행동을 한다.

각성이란 인간의 심리적인 긴장감과 에너지 상태라고 볼 수 있다. 어떤 중요한 일을 할 때 사람은 적당한 근(력) 긴장감, 균형감각, 자세를 바르게 하는 등의 제스처를 취하는데 이렇게 몸을 움직이면 뇌가 또렷해지는 느낌을 받게 된다. 이것을 두고 '각성 조절이 되었다'고 한다.

각성은 집중력을 끌어올려 주어진 일을 능률적으로 수행할 수 있게 돕는다. 예를 들어 아침에 막 눈을 뜨면 머리가 멍하고 판단이 느리다는 기분을 경험했을 것이다. 이때 자리에서 일어나 세수를 하고, 커피를 마시고 아침을 먹으면 머릿속이 맑아진다거나 정신이 또렷해진 기분이 들 것이다. 여기에 산책이나 운동 등 신체 활동을 더하면 뇌와 몸이 아침을 먹을 때보다 더 깨어 있는 상태를 느낄 수 있다. 반대로 하루 일과를 마치고 집에 오면 몸에 힘이 빠지고, 행동이 굼떠지고 편안한 상태에 머물고 깊은 잠에 빠진다.

각성은 올라가고, 더 올라가기도 하며, 낮아지고 더 낮아지는 등 주기적으로 변한다. 사람들은 각성 기복을 견디기 위해 적당한 활력을 불어넣는 활동을 본능적으로 찾아서 한다. 피곤할 때는 커피를 마시거나 세수를 하고, 차분해져야 할 때는 숨을 고르게 쉬거나 하던 일을 멈추고 가만히 생각에 잠긴다.

하지만 각성 조절이 어려운 사람은 본능적으로 이런 행동을 하지 못한다. 그래서 각성 수준이 낮음에도 활력을 불어넣지 못해 게으르고 무기력하게 있거나 불러도 별 반응이 없거나 피곤한 모습을 보인다. 반대로 각성이 높으면 충동적으로 갑자기 큰 소리를 지르고, 가만히 앉아 있지 못하고, 계속 뛰고 움직이며 지나치게 활동적인 모습을 보인다.

운동 선수는 각성 조절 훈련을 한다. 중요한 시합을 앞둔 선수가 극도로 긴장하면 각성 수준은 평소보다 많이 올라간다. 그러면 충분히 제 실력을 발휘하지 못한다. 반대로 약간의 긴장감은 평소보다 주의를 더 기울이고 집중할 수 있도록 도와준다. 적당한 긴장감이 유지된 상태를 '최적의 각성 수준'이라고 한다. 이처럼 각성은 적당한 수준에 머물러 있어야 생활 규칙을 지키며 활동하고, 학습에 집중하고, 원활하게 의사 전달을 할 수 있어 일상적인 과제를 효율적으로 수행할 수 있다.

지나친 각성은 긴장감과 불안을 유발하여 정보를 놓치기 쉬워 조금 진정시켜야 한다. 반대로 너무 낮은 각성은 집중력이 흐트러져 불필요한 정보에 신경을 쓰게 되니 뇌를 깨워 신체가 준비 작업을 할 수 있도록 활력을 불어넣어야 한다.

각성 조절이 어려운 아이들은 선택과 집중이 어려워 밥 먹기, 양치하기, 옷 입기, 씻기 등 일상생활 활동에 어려움을 보인다. 그러므로 말을 가르쳐주기 전에 아이가 스스로 각성을 조절할 수 있게 해줘야 한다. 이를 전문적으로 '감각통합'이라고 한다.

2가지 반응 역치와
주요 특징

각성 조절에 어려움을 보이는 이유는 '반응 역치' 때문이다. 반응 역치란 '감각 정보에 몸이 반응하는 지점'을 의미한다. 아이마다 반응 역치는 다르다. 감각이 민감한 아이는 반응 역치가 낮아서 소량의 자극에도 큰 반응을 하는 경향이 있다. 반대로 감각이 둔한 아이는 반응 역치가 높아서 대량의 자극에도 별 반응이 없고, 더 강한 자극을 줘야 반응한다.

0.5L, 1.5L, 3L 컵에 물을 1L 정도 부어보자. 여기서 컵은 반응 역치고, 물은 하루에 주어진 일반적인 감각 자극을 나타낸다. 하루에 주어진 일과를 큰 기복 없이 수행하기 위해선 컵 안에 물이 알맞게 차야 한다. 그래야 예상치 못한 상황이나 변수가 생겨도 자극 정보를 자신의 몸 상태에 맞게 받아들여 적당한 긴장감을 유지할 수 있다.

높은 역치=저반응Hyporesponsive 역치에 도달하려면 많은 자극이 필요
낮은 역치=과반응Hyperresponsive 아주 작은 자극에도 역치에 도달함

    1L 정도의 감각 자극을 작은 컵에 부으면 어떻게 될까? 컵을 가득 채우다 못해 넘칠 것이다. 작은 컵은 반응 역치가 낮아 작고 사소한 자극에도 큰 반응을 하는 감각에 민감한 아이를 나타낸다. 컵에 부어진 자극이 차고 넘칠 만큼 가득 들어 있는데 자극이 계속 들어온다면 아이는 불안과 공포를 느끼고 과잉 행동과 회피 반응을 보일 것이다. 예를 들어 티셔츠 뒤에 있는 상표가 너무 거슬려 등교를 거부할 정도로 일상생활에 영향을 미치고, 지나가는 친구와 살짝 손가락이 스쳤을 뿐인데 막무가내로 화를 내는 등 별것도 아닌 일로 사사건건 투덜거리고 짜증을 낼 수 있다.

    민감한 아이는 자신의 컵 크기를 본능적으로 짐작하고, 나름

대로 외부에서 오는 자극을 덜 받아들이고, 내부에 있는 자극을 해소하려고 한다. 그러나 아직 몸과 생각을 조절하기 어려운 나이라 어떻게 해야 하는지 몰라서 말도 안 되는 일로 짜증을 내고 고집을 부린다.

여기에 말까지 느리면 불편한 상황을 부모나 친구에게 제대로 전달하기 어렵다. 그래서 작은 소음에도 귀를 막고, 가벼운 신체 접촉을 피하려고 책상 밑에 숨고, 과도하게 입력되는 감각을 줄이기 위해 적극적으로 경험을 피하고, 유난히 부정적인 감정 표현을 많이 한다. 기관에 다니는 아이라면 먹는 것, 놀이, 규칙 등 상황을 강하게 통제하려는 성향이 나타나기도 한다. 같은 반 아이들은 어른보다 예측할 수 없어 상대방의 반응을 자신의 힘으로 제어할 수 없으니 환경을 통제하는 것이다.

반면 같은 양의 물을 부어도 반도 채워지지 않을 만큼 자극이 턱없이 부족한 큰 컵 성향의 아이는 이름을 여러 번 불러도 돌아보지 않고 가까이 가서 어깨를 만지며 불러야 돌아본다. 큰 컵 아이들의 뇌는 수많은 감각 정보를 거르지 않고 몽땅 받아들이기 때문에 어떤 정보를 걸러내고 어떤 정보에 주의를 기울여야 하는지 구분하지 못한다. 어디에 집중해야 하는지 모르고 하던 일을 끝내지 못하는 이유가 여기에 있다. 무언가를 알아차리고 반응하려면 많은 양의 자극이 필요하므로 보통 사람들이 받는 정보를 놓칠 가능성이 높다.

큰 컵 아이는 스스로 자극을 찾아다니는 능동적 아이와 자극을 채워주길 바라는 수동적 아이의 특징을 동시에 엿볼 수 있다. 전자는 더 강력한 자극을 적극적으로 찾아다니며 비어 있는 컵을 채우려고 한다. 이를 두고 전문용어로는 '자극 추구 성향'이라고 한다. 이런 아이들은 한시도 가만히 있지 못한다. 탐색 활동이 높아 항상 바쁘게 뛰어다니고, 무엇이든지 입에 넣고, 물체 또는 사람과 쉽게 부딪친다. 내 아이가 이러한 모습을 보인다면 감각을 추구하려는 욕구 신호로 받아들이고, 적절한 방법으로 비어 있는 부분을 채워줘야 일과를 수행할 수 있다.

한편 수동적으로 반응하는 큰 컵 아이는 스스로 몸을 깨우려 하지 않아 항상 무기력하고, 활동 전환을 어려워하고, 전반적으로 감각 정보에 느린 반응을 보인다. 그래서 얼굴, 손, 옷 등이 지저분해도 잘 알아차리지 못해 행동거지가 게으르고 서툴러 보일 수 있다. 이런 아이들은 집중력이 짧은 신생아, 영유아 시기에도 1시간 이상 혼자 놀 수 있어 손이 많이 가지 않는 '순한 아이 Easy temperament'였을 가능성이 높다.

ADHD와 감각처리장애의 차별점

집중력이 떨어지고 활동량이 지나치게 많아 보이는 행동 때문에 ADHD Attention Deficit Hyperactivity Disorder: 주의력결핍과잉행동장애를 의심하는 경우가 많다. 널리 알려진 ADHD라는 질환과는 달리 감각처리장애 SPD, Sensory Processing Disorder는 생소하게 느껴질 수 있다. 왜냐하면 감각처리장애는 DSM-5(미국 정신 의학 협회에서 발행한 정신질환 진단 및 통계 메뉴얼)에 포함되어 있지 않고, 자폐스펙트럼 혹은 ADHD의 증상에 포함되기 때문이다. 이 둘은 서로 다른 문제지만 중복되는 증상도 있고 심지어 2개가 동시에 나타날 수도 있다. 한 연구에 따르면 ADHD 또는 감각처리장애 증상을 보인 아이 중 40%가 2가지 증상을 모두 갖고 있어 ADHD 또는 감각처리장애를 구분하고 파악하는 것이 어렵다고 보고했다.

이 둘 사이에는 겹치는 부분도 있지만 뚜렷한 차이점은 '원인'에 있다. 연구에 따르면 ADHD는 전전두피질 PFC, Prefrontal Cortex: 눈과 이마 뒤쪽에 있는 대뇌의 일부 기능 및 구조와 관련이 있는 것으로 나타난다. 전두엽의 앞부분을 덮고 있는 전전두피질은 불필요한 행동 혹은 충동의 억제, 행동 및 감정 조절, 주의력, 행동 계획 및 문제 해결을 담당하는 뇌 영역이다.

반면 연구에서는 감각처리장애의 원인이 감각통합이 일어나는 뇌의 뒤쪽 부분의 비정상적인 백질구조 White matter structure 때문이라고 밝혔다. 백질은 뇌의 한 부분에서 다른 부분으로 정보를 전달하고 연결하는 역할을 담당한다. 감각처리장애가 있다면 외부에서 들어오는 자극 정보를 올바르게 전달하기 어려워 결과적으로 부적절한 반응을 보이는 것이다.

ADHD와 감각처리장애 모두 연령에 맞는 활동을 수행하는 데 어려움을 겪는다는 공통점이 있지만 ADHD와 달리 감각처리 문제는 외부 환경에서 오는 자극을 조절하면 해결할 수 있다. 앞에서 언급한 큰 컵 아이에게는 적절한 신체 활동을 통해 모자란 자극을 알맞게 채워주면 행동이 진정되거나 집중력이 향상되는 것처럼 말이다.

그러나 다양한 감각 자극을 제공해도 충동적인 행동을 멈출 수 없거나 집중력이 올라가지 않는다면 ADHD일 가능성이 더 높다. 새로운 활동과 환경에 직면했을 때 감각처리에 어려움을 겪는 아이들은 진정하기 힘들어하는 반면, ADHD를 가진 아이들은 계속해서 새로운 자극을 받으면 주의력이 향상된다.

복잡한 신경학적 이상질환인 만큼 몇 가지 예로 둘의 차이점을 단정 지을 수는 없다. ADHD가 의심된다면 소아 정신과 의사와 상담해보길 권한다. 아이가 특정 행동을 어떤 상황에서 주로 보이는지, 언제 시작되었는지, 어떤 도움을 줄 때 조정이 되었는지 등을 관찰하고 기록해서 전문가를 만나면 둘 중 어느 것과 밀접하게 일치하는지 판단하는 데 도움이 될 수 있다.

감각통합을 위한 솔루션

　감각을 처리하는 과정에서 어려움을 보이는 아이들은 정글에서 목숨을 위협하는 사자를 만난 것과 같은 긴급한 상황에 놓여 있다고 볼 수 있다. 사자가 자신을 잡아먹기 위해 다가온다면 도망갈 것인지 무기를 들고 싸울 것인지 판단해야 한다. 이 결정은 아이 스스로 감당하고 소화해내기 어려운 상황이다. 그래서 부모가 정글에서 아이를 구해낸 뒤 '너는 안전하다. 그러니 안심해라'라는 안정감을 줘야 한다.

　안정감을 느낀 아이는 생존에 관한 두려움을 느끼거나 판단을 내리지 않아도 되니 자연스럽게 주변을 탐색하며 내가 지금 할 수 있는 것, 해야 할 것, 관심 있는 활동에 참여할 것이다. 아이가 이 생활을 좋아한다면 다음에 또 하고 싶은 '내적 동기'가 발현돼 지속해서 주변 환경을 탐색하며 새로운 정보를 얻고, 상호작용으로 배움의 영역을 확장할 수 있다.

　그에 반해 부모가 아이에게 안정감을 주지 못한다면 아이는 주변을 둘러볼 여유를 가지지 못하고 제한된 상호작용만 있는 환경 속에서 자라게 된다. 감각통합 문제가 있는 아이라면 자신이 정확히 어떤 어려움을 겪고 있는지 모를 수 있지만 본능적으로 어떤 상황이 자신에게 어려운지, 그것을 해결하기 위해 어떤 것을 할 수 있는지는 알고 있다. 따라서 내 아이를 잘 관찰하면서 아이가 겪는 어려움을 이해하고 감각적 욕구를 충족시켜주자.

아이의 마음을 이해하는 힘

어떤 일 때문에 고민이 생겨 지인에게 상담을 요청했다고 가정해보자. 이때 상대방이 나에게 "그런 게 뭐가 힘드냐?"라는 반응을 보이면 그때부터 나는 '아, 이 사람은 내 상황에 공감해주지 않는구나'라고 느껴 대화를 끝낼 것이다. 이렇듯 같은 경험을 해도 다르게 해석하면 공감대를 형성하기 어렵고, 상대방과 말이 잘 통하지 않는다고 느껴 자연스럽게 소통이 줄어든다.

감각 정보를 다르게 받아들이는 아이와 부모의 관계도 마찬가지다. 부모가 아이의 상황에 적극 공감해주지 않고 부정만 한다면 아이는 부모와 신뢰감을 쌓지 못하고 긍정적인 관계를 유지하기 어렵다. 그러면 어떤 치료를 해도 큰 성과를 보기 힘들 수 있다.

나는 치료 이전에 부모에게 "아이의 감각통합이 나와 다르다는 것을 인식하고 인정해줘야 합니다"라고 말한다. 이 마음이 치료의 시작이라고 생각한다. 치료사와 부모가 아이의 성장을 돕기 위해선 아이를 인정하고 존중해야 한다. 그래야 안정적인 신뢰 관계를 형성할 수 있고, 신뢰가 쌓여야 아이는 부모의 권유와 지시를 잘 따라온다.

그다음에는 감각통합으로 유발되는 장애물을 해소할 수 있게 아이가 스스로 주변 환경을 탐색할 수 있도록 돕고, 다른 사람과 다양한 상호작용을 경험하도록 유도해야 한다.

언어는 사람들의 대화를 듣고, 얘기하면서 자연스럽게 습득하는 것이다. 말이 느린 아이도 이 단계를 거쳐 언어를 습득해야 한다. 따라서 부모는 아이의 상황을 공감해주며 신뢰감을 쌓은 뒤 자연스럽게 상호작용을 할 수 있는 환경을 마련하고 자신감을 넣어주자. 그러면 아이는 '주세요', '해주세요'라고 대본 읽듯이 말하기보다 풍성하고 의미 있는 의사소통을 할 수 있을 것이다.

언어 발달의 두 번째 단계: 기반 다지기

보통 부모들은 아이가 말을 해야 할 시기임에도 입을 열지 않는 걸 보고 나서야 아이의 언어 발달이 느리다는 걸 깨닫는다. 놀란 부모는 아이와 함께 병원이나 치료 센터를 방문하고 적절한 처방을 받는다. 이때부터 부모는 집에서 아이에게 언어 자극을 주기 위해 많은 노력을 기울인다. 그러나 이 노력은 대부분 '말하기'에 쏠려 있다.

    아이가 말을 하기 위해선 언어 발달의 기반을 잘 다져야 한다. 기반이 잘 다져진 아이들은 때가 되면 자연스럽게 말로 상호작용을 하며 의사를 표현한다. 이것은 마치 기초 체력이 잘 다져진 마라토너가 긴 마라톤을 완주할 수 있는 것과 같다.

    여기에서는 아이의 언어 발달 중에서 '말하기' 이전에 선행되어야 할 단계들을 살펴보고, 그것이 왜 중요한지 알아보자.

발화보다 중요한
언어 표현 이전 단계

돌 무렵에 '엄마', '아빠' 같은 첫 단어를 발화하기 위해서는 그전부터 여러 가지 기초 작업을 해놓아야 한다. 기초 작업은 '언어 습득 과정'과 '언어 표현 이전 단계'가 있다.

언어 습득 과정은 생후 1년 동안 부모의 말을 충분히 듣고 또 듣는 시간이다. 부모가 아이에게 말을 걸지 않거나 부부 간의 대화가 오가지 않았다면 아이는 듣고 습득한 말이 없어 발화를 하지 못한다.

언어 표현 이전 단계는 발화를 하기 바로 전 단계를 가리킨다. 어떤 부모들은 이 단계를 중요하게 생각하지 않는다. 하지만 아이에게 이 단계는 '의도'를 가지고 의사소통하려는 욕구를 가지기 때문에 매우 중요하다(의사소통 욕구는 옹알이 때부터 시작한다).

세상에 갓 태어난 신생아는 모든 것을 울음으로 표현한다. 그러다 생후 100일 무렵에는 부모의 말소리에 자기도 소리를 내거나 미소로 반응을 해준다. 생후 4~6개월에는 투레질과 소리를 지르는 등 다양한 소리를 내고, 생후 6개월부터는 본격적으로 옹알이를 하고 '다다다'와 같은 반복적인 음절을 소리 낸다.

생후 6~8개월에는 주변 사건이나 사물을 이용해 비언어적 의사소통을 시도한다. 예를 들어 엄마와 아이가 산책을 하던 중

비행기를 봤다면 아이는 비행기를 손가락으로 가리키면서 엄마의 주의를 끌거나 관심을 공유하려는 행동을 보인다. 또는 엄마가 "어? 저기 비행기가 날아간다!"라고 말했을 때 엄마의 시선을 따라서 비행기를 바라본다. 이 모든 것이 비언어적 의사소통이다.

그러다 돌 무렵 아이의 뇌는 가장 많이 노출된 모국어를 인식하고 언어를 배우는 데 집중한다. 말을 하지 못해도 어느 정도 말귀를 이해하고, 눈치껏 행동하고, 어른 말투와 비슷하게 옹알이를 하며 표정이나 몸짓으로 '의도가 담긴 의사소통'을 하려 움직인다.

이 모든 것이 언어 표현 이전 단계인데 이 단계를 탄탄히 밟지 않으면 아이는 '말하기(발화)' 단계로 넘어갈 수 없다.

의사소통의 기본 요소인
공동 주의력

2명 이상의 사람이 의도적으로 하나의 대상에 집중하는 능력, 자신이 좋아하는 관심사에 상대방의 주의를 끌어 공유하는 능력을 '공동 주의력Joint attention'이라고 부른다. 어른에게는 별거 아닌 것 같지만 아이에게는 그렇지 않다.

아이는 부모와 하나의 상황이나 사물에 주의를 기울이고 다시 서로를 바라보는 의도적으로 공유된 순간들을 시작으로 소통하는 법을 습득한다. 상대방의 시선을 따라갈 수 있는 주의력과 다른 사람과 무언가를 함께하고 있다는 것을 인지하는 능력, 사람의 표정을 보고 감정에 대한 정보를 얻을 수 있는 능력 모두 공동 주의력의 구성 요소다.

공동 주의력은 의사소통의 가장 기본적인 요소이며 사회적 의사소통과 인지 능력을 키우는 데 필수적이다. 부모가 놀이에 참여하려고 할 때 아이가 그것을 인식하고 적절히 반응하는 법을 배워야 언어 발달을 촉진할 수 있고, 교감을 통해 애착을 형성할 수 있다.

공동 주의력은 신생아 때부터 발달하는데, 생후 4~6개월에는 사물을 응시하거나 눈맞춤이 가능해지고 생후 12개월이 되면 자신이 보고 있는 것과 상대가 보고 있는 것을 주고받는 능력이 발달하고 다른 사람의 시선과 관심사를 따라갈 수 있다. 만 3세가 되면 상대방과 공동 주의력을 유지하는 데 능숙해진다.

눈맞춤을 시작으로 아이들은 차근차근 '사회적 대화 규칙'을 배운다. 사회적 대화 규칙이란 '암묵적으로 지켜지는 의사소통 규칙'이라고 할 수 있다. 아는 사람에게 손 흔들며 인사하기, 상대가 말이 끝날 때까지 기다렸다가 자신의 차례에 답하기, 상대가 보내는 비언어적 신호에 적절한 반응 보이기, 도서관에서는 소곤소곤 말하기, 상황에 적절한 행동하기 등을 예로 들 수 있다. 이러한 비언어적 의사소통 능력이 밑받침돼야만 언어적 표현을 추가할 수 있다.

평상시에는 눈맞춤이 잘 안 되는데 자신이 좋아하는 까꿍놀이를 할 때만 눈맞춤을 한다면 공동 주의력 기능이 이루어진다고 볼 수 없다. 눈맞춤을 하지 않거나 손가락을 가리켜 사물을 보게 할 때 관심이 없다면 공동 주의력 기능이 늦게 나타나거나 결여된 것은 아닌지 반드시 깊게 관찰해야 한다.

상호작용의 형태와 중요성

발달 심리학자 비고츠키 언어 발달 이론에서는 '인지 발달이 선행되어야 언어 발달이 가능하다'고 말한다. 이 말은 단어나 숫자를 익히고, 글을 읽고 쓰기 전에 '상호작용'이 선행되어야 한다는 뜻이다.

말은 의사소통을 하기 위한 수단이고, 의사소통의 핵심은 상호작용이다. 상호작용은 2명 이상의 사람이 서로 눈을 맞추고, 웃고, 반응하는 등 비언어적인 모든 행동을 사용하며 상대방과 주고받는 교감을 일컫는다.

부모와 자녀 간에 오가는 상호작용은 영유아의 언어, 인지, 정서 발달에 아주 중요한 영향을 미친다. 아이의 언어는 질 높은 상호작용을 통해 자기 중심적에서 사회적 언어로 발달할 수 있다.

긍정적인 상호작용이 있다면 아이의 모든 발달은 건강하게 이뤄지며 아이는 자신의 생각이 가치 있으며 존중 받음을 느낀다. 이러한 경험을 가지고 사회로 나가면 다른 사람들과 긍정적인 관계를 맺을 수 있다.

비언어적 의사소통도 아이가 말을 트는 데 도움을 주므로 함께 이뤄져야 한다. 의사소통의 유형은 크게 언어적, 비언어적 소통으로 나뉜다. 그중 약 10%는 언어적, 약 90%는 비언어적이다. 비언어적 소통 범위는 광범위하여 어떻게 보면 언어보다 비언어가 의사소통에 더 큰 영향을 미치는 요소라고 볼 수 있다.

비언어는 표정, 몸짓, 자세, 목소리 톤, 눈맞춤 등을 가리키며 이것을 사용해 의도적으로 메시지를 전달하는 것을 비언어적 의사소통이라 말한다. 시금치를 먹기 싫다며 얼굴을 찡그리는 것, 집에 가자고 할 때 절레절레 고개를 젓는 것, 먹고 싶은 과자를 손가락으로 가리키는 것, 오랜만에 할머니를 만나 반가워서 품에 꼭 안기는 것 등 모두 비언어적 소통이다.

부모는 아이가 비언어를 사용해 의사소통을 잘 주고받는지 확인해야 한다. 만약 이 소통이 잘 이뤄지지 않는다면 왜 그런지 이유를 꼭 확인해야 한다.

말의 의미를 이해하는
수용언어

말이 느린 아이라면 말하기(표현언어)에 집중하기 전에 '수용언어 수준'을 반드시 살펴야 한다. 수용언어란 '말의 의미를 이해하는 능력'을 말한다. 아이에게 "책이 어디에 있지?"라고 물었을 때 아이가 책을 가리키는 행동, "기저귀 갈자", "신발 신자", "밥 먹자"라는 지시를 듣고 따르는 행동은 아이가 사물을 분별하고, 말의 의미를 이해하고 지시를 따라 행동으로 옮길 수 있다는 걸 뜻하기 때문에 수용언어 능력에 속한다.

수용언어는 표현언어처럼 겉으로 드러나지 않는 능력이라서 부모들은 종종 수용언어 단계를 건너뛰고 표현언어에만 집중한다. 하지만 수용언어가 선행되어야 표현언어가 발달한다는 것을 잊지 말고 아이의 언어 이해력을 넓히고 확장해나갈 수 있도록 도와야 한다.

지시 사항을 수행하는
작업 기억력

아이가 학령기에 접어들면 선생님이 말로 지시한 것을 따라야 하는 상황이 많아지고 점점 시각적 도움 없이 다단계로 이루어진 지시를 받게 된다. 단체로 밥 먹을 때 "손 씻은 사람은 어디가지 말고 화장실 앞에 줄 서서 기다리세요", 놀이터에서 놀 때 "친구가 그네에서 내려올 때까지 다치지 않게 거리를 두고 기다려야 해" 같이 상대방의 말을 끝까지 듣고 수행하는 능력은 일상생활에서 큰 부분을 차지한다.

아이가 지시 사항을 잘 따르지 못한다면 '인지 의사소통 능력' 중에 지시를 따르는 데 큰 역할을 담당하고 있는 '작업 기억력'을 살펴봐야 한다. 작업 기억력은 어떤 내용을 잠시 기억했다가 일을 처리할 때 쓰는 기억력이다. 예를 들어 당신이 차를 몰고 가던 중 급하게 상가 화장실을 이용한다고 가정해보자. 우선 당신은 차를 주차하고 주차한 구역을 외울 것이다. 그리고 상가 내에 있는 카페에서 음료를 사면서 화장실 도어락 비밀번호를 외울 것이다. 도어락에 비밀번호를 누르고 화장실을 사용한 뒤 당신은 주차한 구역을 떠올리며 차를 찾고 상가를 빠져 나올 것이다. 화장실 도어락 비밀번호와 주차 구역을 외우는 것처럼 특정 작업을 수행하기 위해 보고 들은 정보를 잠시 기억했다가 작업을 수행하는 것이 작업 기억력이다.

작업 기억력에 어려움을 보이는 아이는 단기간 정보를 머릿속에 저장하고 처리하는 능력이 부족해 지시 사항을 듣고 따르는 걸 유난히 어려워하며 자주 "어? 뭐라고?"라며 되묻는다. 이런 경우 부모는 아이가 부모의 말을 자주 무시한다거나 언성을 높이지 않으면 한 번에 말을 안 듣는다고 생각하기 쉽다. 하지만 일부러 그러는 게 아니다. 부모의 지시에 따라 옷을 갈아입으려고 방으로 가던 중 금세 딴 생각을 해서 지시를 따르려던 마음과 달리 엉뚱한 행동을 자꾸 하는 것이다.

자신이 관심 있는 분야에 관해서는 작업 기억력이 발휘되지만, 관심이 없는 분야에서는 작업 기억력이 허물어진다. 작업 기억력에 어려움이 있으면 주의력, 정보 처리 능력, 추론 및 문제해결 능력, 과제를 완수하기 위해 상황에 적절한 행동을 조절하는 능력에 영향을 받는다. 그래서 집중력이 떨어져 보이고, 다단계 지시를 따르기 어렵고, 대화에 적절하지 않은 엉뚱한 주제를 말해 소통하기 어렵다. 이는 전반적으로 상호작용 능력이 부족한 탓으로 보이지만 사실은 수용언어가 낮거나 인지 의사소통 능력 중 작업 기억력이 떨어지는 것이다.

언어 발달의 세 번째 단계, 모방의 유무

"아이 앞에서 말조심해라"라는 말이 괜히 있는 게 아니다. 아이는 모방을 통해 말을 배운다. 모방 능력은 아이의 의도적인 의사소통 능력을 예측하는 데 가장 중요한 기술이다. 말을 따라 하기 전에 아이는 '짝짜꿍', '곤지곤지'와 같은 단순한 행동을 모방한다. 상대방의 행동을 모방한다는 것은 상대방에게 주의를 기울이고 집중하고 있음을 뜻한다.

모방을 통해서 아이는 다양한 종류의 의도적인 메시지를 접한다. 말이 느린 아이는 아직 모방을 하지 않을 가능성이 높다. 그렇기에 영유아기에 몇 단어를 말하는지 집중하는 것보다 아이가 부모가 내는 소리 또는 단어를 잘 모방하고 있는지 살펴보는 게 훨씬 더 중요하다. 모방을 하지 않는다면 왜 안 하는지, 그게 단지 '미운 2살'의 고집인지, 다른 어려움이 있는지 원인을 찾아야 한다.

모방에는 단계가 있다. 여기에서는 모방의 단계와 그 특징에 대해 알아보고 모방을 하지 않는다면 어떻게 해야 하는지 간략히 살펴보려 한다.

모방의 4가지 단계

첫 번째 모방 단계는 '행동 모방'이다. 모방을 가르치는 가장 쉬운 방법은 행동 모방을 하도록 유도하는 것이다. 행동은 비언어적 의사소통의 수단이기에 말이 느린 아이들이 편안하게 느끼고 선호하는 소통 유형이다.

행동 모방을 가르치고 싶다면 아이에게 익숙한 것, 일상생활에서 자주 하는 행동 위주로 시작해보는 것이 좋다. 예를 들어 양손에 블록 장난감을 각각 하나씩 들고 서로 부딪치며 두드리는 행동, 청소기를 돌리는 행동, 숟가락으로 국물을 저어주는 행동 등이 있다. 이외에 행동 모방을 유도하는 구체적인 방법은 256쪽을 참고하길 바란다.

두 번째 모방 단계는 '몸짓 모방'이다. 행동 모방처럼 몸짓 또한 비언어적 소통이기에 말이 느린 아이가 쉽게 따라 할 수 있다. 아이가 원하는 물건을 손가락으로 가리키는지, "빠빠이~" 하고 손을 흔들면 따라 흔드는지, 까꿍 놀이를 따라 하는지 몸짓 모방 능력을 관찰한 후 미숙하다면 이 단계에서 자극을 줘야 한다. 몸짓 모방을 유도하는 목적은 소통하고 싶은 '의도'를 가르치는 것이다.

세 번째 모방 단계는 '소리 모방'으로 어휘나 단어 모방하기의 바로 전 단계다. 말소리 습득은 단계별 옹알이를 관찰하면 된다. 영유아기의 의사소통은 울음 Phonation stage: 발성 단계, 100일 전후에는 '아', '오' 와 같은 소리 및 웃음 소리를 내고 Cooing stage: 쿠잉 단계, 생후 4~6개월에는 투레질과 비명 Expansion stage: 확장 단계, 생후 6~8개월에 '마마마'와 같은 같은 음절로 된 소리를 내는 반복적 옹알이 Reduplicated babbling: 반복적 옹알이 단계, 생후 8~12개월에는 자음과 모음 소리를 조합하여 성인의 말소리와 유사한 다양한 소리 Variegated babbling Stage: 음질성 옹알이 단계를 낸다.

아이가 말을 하기 전에 다양한 소리를 낼 수 있어야 하는데 말이 느린 아이의 옹알이 패턴은 단순하거나 적은 경우가 많다. 어휘 모방이 어렵다면 난이도를 조금 낮춰 의성어(동물 또는 사람의 소리를 흉내 내는 말, '짹짹', '쿵쾅쿵쾅', '야옹' 등), 의태어(사물 또는 사람의 움직임을 표현하는 말, '보글보글', '쑥쑥', '느릿느릿' 등), 감탄사('우와', '이야')와 같은 쉽고 재미있는 소리를 따라 할 수 있게 도와주자. 부모가 의도적으로 의성어, 의태어, 감탄사를 말하기 힘들다면 이런 소리가 담긴 책을 아이에게 읽어주는 것도 좋다. 책을 활용해 의성어, 의태어로 언어 자극 주는 방법은 204쪽을 참고하기 바란다.

네 번째 모방 단계는 '어휘 모방'이다. 말을 배울 때 중요한 점은 말을 '바로' 따라 하는 것이다. 이 단계에서 어려움을 보이는 아이라면 바로 말을 따라 하지 않거나, 무언가를 시도하려고 할 때 집중력이 떨어지는 게 보이거나, 혼자 노는 것을 선호하는 듯한 행동을 하거나, 부모가 하려는 놀이에 흥미를 빨리 잃는 모습을 보이는지 확인해야 한다.

이런 모습을 보인다면 아이는 소통하려는 의도가 없을 수도 있고, 뇌에서 정보를 지각하고 반응하는 '정보 처리 능력'이 보통 아이들에 비해 현저히 느릴 수도 있다. 또는 말에 집중하는 청각 주의력 및 말소리를 기억하는 작업 기억력이 부족할 가능성이 높다. 이러한 인지 의사소통 능력을 키워주는 방법은 242쪽을 참고하길 바란다.

말이 느린 아이는 왜(why) 말을 모방해야 하는지 이해하지 못하는 경우가 많다. 이런 경우에는 아이에게 말을 모방하는 건 재미있다는 동기부여를 줘야 하는데 가장 많이 쓰이는 방법으로는 '주도적인 놀이 환경'을 만들어주면 된다.

주도적인 놀이 환경이란 아이가 놀이의 주체가 되어 놀이에 온전히 참여할 수 있는 환경을 뜻한다. 부모가 놀이를 이끌고 아이는 수동적인 위치에 있다면 몰입도가 떨어지고 쉽게 흥미를 잃을 수 있다. 반대로 아이가 주도하는 놀이에 부모가 호응할 때 아이는 재미를 느끼고 어휘 모방이 자연스럽게 이루어진다. 아이 주도 놀이를 통해 언어 자극하는 구체적인 방법은 200쪽을 참고 하길 바란다.

CHECK POINT

언어 발달 지연 vs 언어발달장애 구분법

일반적으로 생후 36개월 이전에는 언어 발달 지연과 언어발달장애를 명확하게 구분하기 어렵다. 따라서 다른 장애를 수반하지 않는 한 말이 느린 것을 '언어 발달 지연'이라고 한다.

하지만 이 시기에 아이가 말이 느리다면 단순 발달 지연으로만 보지 말고 표현언어가 부족한 건지 수용언어에 어려움을 보이는지 주의 깊게 관찰해야 한다.

생후 18개월 전후로 "기저귀 버려", "의자에 앉아", "컵 주세요", "샤워하자" 등 일상에서 자주 접하는 간단한 지시를 통해 수용언어 능력을 확인해볼 수 있다. 말을 이해하는 데 어려움을 보인다면 인지 문제가 있을 가능성이 있어 단순 언어 발달 지연으로 보기 힘드니 전문가와 상담해보길 권한다.

언어발달장애는 새로운 단어를 습득하는 능력이 현저히 떨어지는 특징을 포착해 진단을 내린다. 이 테스트에는 발달 심리학의 '일견단어학습 Fast mapping' 이론이 사용된다. 이 이론은 아이에게 1~2번 정도 새로운 단어를 들려주면 그 단어가 어떤 대상을 지칭하는지 쉽게 찾아내어 그 대상물과 의미를 빠르게 연결하고 단어를 습득하는 능력을 말한다.

예를 들어 생후 18~24개월 아이 앞에 익숙한 물건 4개와 한 번도 본 적 없는 새로운 물건 1개를 놓는다. 그리곤 한 번도 본 적 없는 물건에게 '토다이'라는 무의미한 이름을 붙여준 뒤 "토다이 주세요"라고 해본다. 아이는 '토다이'라는 단어가 새로운 물건을 지칭할 것이라 추론하고 1~2번의 노출만으로도 단어를 습득한다. 하지만 언어발달장애가 있는 아이들은 새로운 물건이 '토다이'라고 학습되기까지 큰 어려움을 보인다.

이처럼 단순 언어 발달 지연과 언어발달장애는 아이의 현재 수행 능력을 파악하고 특정 기술을 일부 가르친 다음 습득할 수 있는 양을 식별하고, 아이의 반응성과 학습 잠재력에 중점을 두어 평가한다.

아이가 새로운 기술을 빠르게 습득하여 주어진 작업을 스스로 수행할 수 있다면 단순 언어 발달 지연일 가능성이 높으며 전문가의 개입이 필요하지 않을 수 있다. 하지만 새로 습득한 기술을 주어진 과제에 적용하는 데 부모의 도움이 필요했다면 단순 언어 발달 지연일지라도 예후를 위해 전문가의 개입을 권장한다.

반면 새로운 기술을 습득하기까지 어른의 노력이 많이 필요하고 학습한 내용을 주어진 과제에 쉽게 적용하지 못하면 언어발달장애일 수 있으니 정확한 평가를 받아보기 바란다.

마음의 문을 여는
다양한 소통 방법

누구에게나 소통이 잘 안되는 사람이 한 명은 있기 마련이다. 이런 사람은 내 생각과 기분을 고려하지 않고 자신이 하고 싶은 말만 일방적으로 한다. 반대로 어떤 상황에서도 내 생각과 기분을 이해해주고 좋은 말을 해주는 사람이 있다. 이런 사람과는 계속 소통을 하고 싶다.

말이 느린 아이도 나를 이해해주는 사람과 소통을 하고 싶어 한다. 그런데 부모가 아이를 말이 통하지 않는 사람, 가르쳐야 하는 사람으로 바라봐서 부모의 생각만을 전달하고 규칙, 규율을 알려주는 데 힘을 쏟았다면 아이는 부모와 소통이 하고 싶을까.

아이를 있는 그대로 받아들이고 소통하려는 부모도 있다. 그러나 '산만하다', '충동적이다'라는 타인의 말을 여러 번 듣다보면 처음 의도했던 것과 다르게 아이의 행동을 어떻게든 뜯어고치려는 마음에 잔소리를 하게 된다. 수시로 비난과 지적을 받은 아이는 자신에 대해 부정적인 자아상과 낮은 자존감을 갖게 되고 아이가 가진 문제는 커지기만 할 뿐 해결되지 않는다.

부모가 아이를 바라보는 마음과 시점을 바꾸면 '산만하고 충동적인' 아이는 온데간데없고, '불안이 높고 표현이 서툰 아이'만 남을 것이다. 고운 시선과 긍정적인 격려와 진심 어린 관심 속에서 자란 아이는 그동안 부모가 알지 못했던 잠재력을 꽃피울 것이다. 꼭 기억하자. 말문이 트이려면 마음의 문이 먼저 열려야 한다. 여기에서는 아이의 눈높이에서 바라보는 습관을 가지는 법, 흥미를 느낄 만한 대안을 제시하면서 아이의 마음을 여는 소통법에 대해 알아보자.

아이의 눈높이에서 시작하는 가르침

"엄마가 몇 번을 알려주는 거야? 왜 이해를 못하는 거니!" 공부하는 걸 봐주다가도 대답을 하지 않거나 이해하지 못했다는 뉘앙스를 풍기면 참았던 울화통이 터진다. 이건 많은 부모가 겪는 스트레스다.

'아이를 가르친다'라고 하면 칠판 앞에 서서 어려운 문제를 푸는 모습만 떠올린다. 하지만 아이를 가르치는 일에는 '도전하고 성장할 수 있는 환경을 제공'하고 '나는 할 수 있다'는 용기를 북돋아주는 것도 포함한다.

아이에게 한글과 산수를 가르칠 때 한 번에 알아듣지 못해 여러 번 혼을 내며 가르쳤다고 가정해보자. 그건 제대로 가르친 게 맞을까? 학습에 관련된 것을 가르치는 동안 아이의 자존감과 용기를 빼앗는 언행을 수시로 했다면 아이는 지식은 얻었을지언정 부모와의 소통 방법, 흥미, 능률, 용기 등은 배우지 못했을 것이다.

아이와 놀이를 하며 즐거운 시간을 보내려고 하는데 짜증을 내고, 자기 마음대로 규칙을 바꿔버리는 아이를 보면 즐거운 마음도, 같이 하고 싶은 마음도 뚝 떨어질 것이다. 1 더하기 1을 몇 날 며칠 가르쳐도 이해하지 못하는 아이를 보면 화가 올라오는 것도 이해한다. 부모는 아이의 눈높이에 맞춰 소통할 준비와 인내를 가져야만 아이를 가르칠 수 있다. 부모에겐 재미있고 흥미로운 게임이고, 세상에서 가장 쉬운 산수 문제일지라도 아이에게는 어렵다는 걸 기억하자.

학습이나 훈육과 같은 가르침에 있어서 오랫동안 긍정적인 방향으로 이끌어 나가려면 내 욕심을 내려놓고 결과보단 과정에 집중해야 한다. 문제는 인내하는 마음으로 아이를 가르친다는 과정 자체가 어렵다는 점이다. 그럴 땐 부모 자신이 언제 '욱'하는지 알고 있어야 한다. 예를 들어 아이에게 10분 이상 무언가를 가르칠 때 감정 조절이 되지 않는다면 10분을 넘기지 말아보자. 이럴 경우 매일 5분만 기분 좋게 투자해보자. 아이의 학습 성과는 중요하지 않다. 오늘도 포기하지 않고 이 과정을 함께 한 자신에게 칭찬해주는 시간을 가지는 게 더 중요하다. 부모는 오늘도 내가 해야 할 일에 최선을 다 했고, 아이도 짧은 시간 동안 즐거웠다는 자체로 만족해야 한다. 그러면 5분이 10분이 되고, 10분이 20분이 되는 건 시간 문제다.

잠재적 발달 영역에 맞춘 소통 놀이

근본 원인을 알아야 문제를 해결할 수 있듯이, 말이 늦은 원인을 알아야 적절한 해결책인 언어 자극을 줄 수 있다. 그런데 아이의 언어 능력을 정확히 파악하고 있어도 발달 단계에 맞는 언어 자극이 무엇인지 모르거나 단계에 맞게 자극을 주었으나 큰 성과가 없다면 현재 발달 단계보다 살짝 높은 자극을 제공하는 것이 바람직하다. 아이의 언어 발달 단계를 파악했다면 그 다음은 올바른 언어 촉진으로 달성할 수 있는 목표를 세우고 언어 발달을 향상시키는 전략을 배울 차례다.

말이 느린 아이를 가르치려면 아이의 눈높이에서 생각하기,

기다림, 인내 외에 아이의 '잠재적 발달 영역ZPD, Zone of Proximal Development'을 파악해야 한다. 잠재적 발달 영역이란 '실제적 발달 수준'과 '잠재적 발달 수준' 사이의 영역을 말한다. 쉽게 말해 이 영역은 '아이가 스스로 해결할 수 없지만 성인의 도움을 받으면 풀 수 있는 문제의 영역'이다.

인지발달 심리학자 비고츠키에 의하면 '아이 혼자서 수행할 수 없는 문제에 직면할 때가 아이가 성장하는 기회'라고 말한다. 부모의 도움 없이 혼자 스스로 수행할 수 있는 현재 수준(실제적 발달 수준)의 과제와 부모의 도움을 받아 수행할 수 있는 수준(잠재적 발달 수준)의 과제 있다고 가정해보자. 아이가 현재 "기저귀 버려", "신발 신어"와 같은 1단계 지시 수행이 가능하다면, 아이의 잠재적 발달 수준은 그보다 한 단계 높은 "기저귀 버려+신발 신어"처럼 2단계 지시 따르기다. 2단계 지시 따르기를 목표로 할 때 기저귀를 버리고 난 후 부모의 손을 잡고 신발을 신기 위해 문 앞까지 같이 가는 정도의 도움을 반복적으로 받으면 아이는 2단계 지시 따르기가 학습이 되어 조금 더 성장할 수 있다.

종종 둘째가 첫째보다 말이 빠른 이유도 여기에 있다. 자신보다 조금 더 성장한 아이를 따라 하고, 혼자 힘으로 해결할 수 없을 때 도움을 요청하면서 매일 현재 수준보다 조금 더 어려운 과제를 수행해 나가기 때문이다.

언어치료사는 말이 느린 아이의 현재 언어 발달 단계와 잠재적 발달 영역을 파악하는 것을 최우선으로 하여 아이의 관심사와 눈높이에 맞게 치료를 진행한다. 진료실에 있는 적은 장난감과 책으로 다양한 아이를 치료할 수 있는 비법도 아이들의 개인차를 염두에 두고 난이도를 조절하며 놀이를 진행하기 때문이다.

아이에게 놀이 주도권을 주고 지금보다 반 단계 어려운 것을 소개할 때는 '아이가 잘하고 좋아하는 것을 어떻게 하면 응용해서 자극을 줄 수 있을지'를 항상 염두에 두어야 한다. 이제 막 걸음마를 시작해 첫발을 내딛은 아이에게 무작정 혼자 걸어보라고 하지 않고 한 발 더 갈 수 있도록 손을 잡아주는 것처럼 그 다음 단계의 과제를 수행하고 싶게 작은 성공의 경험을 만들어주는 것이 중요하다.

호기심이 많고 활동적인 아이의 현재 발달 수준이 1단어 단계이고, 단어 2개를 결합해 문장 만들기를 목표로 세웠다고 가정해보자. 이 아이에게 공룡 장난감은 화장실에 두고 음식 장난감은 침실에 숨겨 10초 안에 이 2가지를 찾아오는 미션을 줘보자. 자신이 잘하는 '찾기 놀이'와 '달리기'를 할 수 있는 기회를 준다면 재미는 보장이고, 아이가 찾아온 장난감들을 합쳐 "공룡+먹어"라는 2단어 문장으로 올바른 언어 자극을 줄 수 있다. 이것이 평범한 놀이로 아이를 치료하고 성장시키는 방법이다.

부모가 아이의 언어 발달 단계를 구체적이고 정확히 파악해야 하는 이유는 부모가 어느 정도 개입할 것인지 가늠하고, 아이가 따라올 수 있는 잠재적 발달 영역을 예측해 효율적으로 언어 발달을 이뤄야 하기 때문이다.

내 아이만의 맞춤 언어치료사가 되려고 하루하루 노력해보자. 그러면 아이의 눈높이에서 적절한 언어 자극을 주며 놀아주는 게 전보다 더 수월해질 것이다.

아이의 모습을 인정하는 마음

누구에게나 소통이 잘 안되는 사람이 한 명은 있기 마련이다. 이런 사람은 내 생각과 기분을 고려하지 않고 자신이 하고 싶은 말만 일방적으로 한다. 반대로 어떤 상황에서도 내 생각과 기분을 이해해주고 좋은 말을 해주는 사람이 있다. 이런 사람과는 계속 소통을 하고 싶다.

말이 느린 아이도 나를 이해해주는 사람과 소통을 하고 싶어 한다. 그런데 부모는 아이를 이해하기는커녕 말이 통하지 않는 사람, 가르쳐야 하는 사람으로 바라봐서 일방적으로 부모의 생각만을 전달하고 규칙, 규율을 알려주는 데 힘을 쏟았다면 아이는 부모와 소통이 하고 싶을까.

아이를 있는 그대로 받아들이고 소통하려는 부모도 있다. 그러나 '산만하다', '충동적이다'라는 타인의 말을 여러 번 듣다보면 처음 의도했던 것과 다르게 아이의 행동을 어떻게든 뜯어고치려는 마음에 잔소리를 하게 된다. 수시로 비난과 지적을 받은 아이는 자신에 대해 부정적인 자아상과 낮은 자존감을 갖게 되고 아이가 가진 문제는 커지기만 할 뿐 해결되지 않는다.

더 나은 아이로 키우고 싶은
부모의 욕심 내려놓기

언어치료사로서 가장 많이 받는 질문이 있다. "사회성 좋은 아이로 키우려면 어떻게 해야 해요?" 이 질문을 받을 때마다 나는 이렇게 되묻는다. "사회성 좋은 아이는 어떤 모습인가요?"

우리는 보통 사회성 좋은 사람을 떠올리면 낯가리지 않는 모습, 모든 사람에게 인사 잘하는 모습 등 '외향적인 성향Extrovert'을 떠올리는 경우가 많다. 반대로 사회성이 부족한 사람을 떠올리면 부끄럼이 많고, 새로운 환경을 두려워하고, 말수가 적은 모습 등 '내향적인 성향Introvert'을 떠올린다. 대부분은 사회에서 주목받고 당당하게 맡은 일을 잘 해낼 사람은 외향적인 사람일 것이라고 생각한다.

그런데 밝고 활기찬 외향적인 사람이 상대방의 말을 흘려듣거나 남을 배려할 줄 모른다면 이 사람은 사회성이 좋은 것일까? 아니다. 이 사람은 그저 외향적 성향을 가진 사람이라고 표현하는 게 더 적절하다. 반대로 친근한 환경, 익숙한 사람과 깊은 교감을 하는 내향적인 성향의 사람이 있다. 이 사람은 사회성이 없다고 할 수 있을까? 이 사람은 사회성이 부족하다기보다 내향적 성향을 가졌다고 표현하는 게 더 적절하다.

아이도 마찬가지다. 사회성 좋은 사람으로 성장시키고 싶다는 욕심에 내향적인 아이를 외향적으로 바꾸려고 한 적은 없는지 돌이켜보자. 만약 아이의 성향을 바꾸려고 했다면 앞으로는 사회성이 외향적인 모습, 내향적인 모습으로 판가름되는 게 아니라 타인의 입장을 고려해 말을 경청하고 그에 알맞은 반응을 하는 의사소통 능력이라는 점을 기억하면서 아이의 기질을 있는 그대로 받아들이는 연습을 하자.

아이의 기질을 인정하는 마음

한 배 속에서 태어난 아이들도 생김새는 물론 좋아하는 음식, 잘하는 것, 타고난 재능, 기질 모두 천차만별이다. 우리 집 아이들도 아이마다 성격과 성향이 달라도 너무 달라서 볼 때마다 신기할 정도다. 첫째는 햄버거를 제일 좋아하고, 둘째는 밥과 김치를 좋아한다. 신생아 시절 첫째는 한번 울면 잘 달래지지 않았지만 셋째는 울음 끝이 굉장히 짧았다. 선호가 다른 것처럼 아이들은 기질도 제각각이다. 그중 첫째는 예민한 기질의 아이다.

예민하고 까다로운 아이를 키우는 부모라면 육아가 버겁고 어렵게 느껴지는 경우가 많다. 머리로는 이해하지만 아이를 있는 그대로 온전히 '수용한다'는 것은 말처럼 쉽지 않다. 수용한다는 것은 관점을 이해하고 받아들인다는 의미인데 나 자신과 다른 존재를 100% 이해한다는 것은 불가능에 가까워 힘들 수밖에 없다.

나 또한 우리 아이를 보면서 '도대체 왜 저러지?', '저렇게까지 해야 하나?'라는 질문을 수백 번 이상 떠올린 적도 있었다. 열심히 머리를 묶어줬는데 머리카락 하나가 튀어나왔다고 짜증을 낼 때, 아이 몸을 생각해서 좋은 걸 해줘도 먹던 게 아니라며 안 먹을 때, 자기가 부탁하면 바로 반응하길 원하면서 막상 내가 부탁하면 오래 고민하고 대답할 때, 부끄러워서 자기감정을 잘 표현 못할 때 등 상황마다 나타나는 미성숙한 감정으로 버럭 화를 내는 나 자신을 발견하곤 했다.

욕구가 큰 아이인 것도 알고 있고 아이 기질 특성상 이러한 행동을 할 수도 있다는 것도 인지하면서 아이를 수용하지 못하는 내 모습을 보며 자책하고 마음 아파할 때도 많았다. 수많은 시행착오를 겪으며 배운 것은 나와 아이의 기질을 알고 그 차이점 또한 알고 있어야 편안한 관계를 맺을 수 있다는 점이었다.

아이의 기질을 '이해'하는 것이 끝이 아니다. '도대체 왜 저럴까?'에서 '우리 아이는 어떤 아이일까?'로 생각을 전환해보자. 서로의 다름을 '인정'해야 아이에게 한 발 더 가까이 다가갈 수 있고, 그때 아이는 마음의 문을 활짝 열 것이다.

아이를 인정하기 전
나를 돌아보는 연습

아이를 인정하지 못했던 이유를 생각해 보았다. 나는 내가 싫어하고, 고치고 싶은 나의 단점이 아이에게 투영될 때 화가 났다. 나 자신에게 낼 화가 엉뚱한 아이에게 튄 셈이다. 아이 모습에서 피하고 싶은 나 자신의 모습이 보일 때 부정적이고 극단적인 감정이 앞서서 더 매섭게 몰아쳤다.

우리 아이의 마음이 열리기 시작한 시점은 내가 내면의 있는 나를 마주하고 나의 모습을 진심으로 사랑할 때였다. 나의 단점, 예민함을 그대로 수용하니 지금껏 약점이라고 여겼던 것이 강점으로 보였다. 나의 예민함은 미묘한 변화까지 알아차리는 뛰어난 관찰력으로 둔갑했고, 높은 감수성은 타인의 감정과 욕구를 빨리 파악해서 상황에 맞게 잘 대처할 수 있는 무기가 되었다.

부모 대부분은 아이에게 온 시선이 가 있는 경우가 많다. 하지만 나의 내면과 기질을 스스로 어떻게 받아들이고 있는지 나를 알아가는 노력을 먼저 해야 한다. 그래야 넘어져도 다시 털고 일어설 수 있고, 아이가 넘어지면 내가 넘어지고 일어났을 때의 경험을 되살려 격려를 해줄 수 있다.

나와 아이가 서로 다르다는 것을 인정해야 아이와 얼굴을 마주 볼 수 있고, 얼굴을 마주 보는 시간이 주어져야 서로의 마음을 들여다보며 더 깊게 속마음을 알아갈 수 있다. 이렇게 나를 알아갈 때마다 아이가 가지고 태어난 기질과 능력이 하나둘씩 보일 것이다.

기질은 타고난 성향이라서 나와 맞지 않는다는 이유로 뜯어고치려 해도 고칠 수 없다. 오히려 아이를 건강하게 성장시키지 못할 언행만 할 뿐이다.

꼭 고쳤으면 하는 부분이 있다면 말수를 줄이고 가르치려는 것을 몸소 행동으로 보여주자. 외출 후 집에 들어와서 곧바로 손을 닦는 습관을 길러주고 싶다면 내가 먼저 집에 들어오자마자 "나갔다 왔으니 손 먼저 씻어야지!"라고 말하며 화장실에 들어가서 손을 닦자. 영상 보는 시간을 줄이고 책 읽는 시간을 늘리고 싶다면 내가 먼저 거실에 앉아 책을 펴서 읽는 모습을 보여주자.

매 순간 아이에게 완벽한 롤모델이 된다는 건 쉽지 않다. 그럴 때는 나의 부족함을 말로 인정하고, 개선하려 노력하고 있음을 알려주는 것이 좋다. 아이에게 매일 반복적으로 잔소리를 하는 3가지 상황과 이 상황에서 부모가 어떤 행동을 보여줘야 할지 적어보며 조금씩 가정환경을 바꿔보자.

환경을 바꾼 후 아이에게 '다름'을 긍정적으로 받아들이고 다르다는 것은 잘못이 아니라는 인식을 일상 속에서 심어줘야 한다. 엄마 눈과 아이 눈이 다르게 생겼어도 "눈이 다르게 생겼지만 엄마 눈도 예쁘고, 네 눈도 예쁘네"라고 말해주거나, 같은 하늘을 그려도 엄마는 파란색, 아이는 분홍색을 사용했다면 "하늘은 파란색으로 그려야지"라고 말하는 것보다 "분홍색 하늘은 처음 보는데 정말 뛰어난 아이디어네! 마치 솜사탕 같은데? 어쩜 똑같은 것을 떠올려도 이렇게 다른 생각을 할 수 있지? 너무 신기하지 않아?"라고 칭찬해주자. 이러한 말을 듣는 아이는 다름을 당연하다 생각하고 자연스럽게 다름을 존중하게 될 것이다.

속 터지는 아이 행동에 언성이 높아지고 심하게 화를 냈다면 아무 말 없이 상황을 끝내지 말고 서로가 다르기 때문에 같은 상황에서도 다른 감정이 생길 수 있다는 것을 알려주고 따뜻한 대화로 마무리하자. "엄마도 감정 조절을 하려고 노력하는데 오늘은 소리를 지르고 말았네. 네가 미워서 그런 게 아닌데 놀랐다면 엄마가 미안해. 우리는 서로 달라서 네가 어떤 게 불편한지, 무엇이 어렵게 느껴지는지 가끔 구별하기 어려울 때가 있어. 너는 불편한 걸 어떻게 해소해야 할지 모르니 답답하고, 엄마에게는 불편한 걸 불편하지 않다고 해서 공감을 못했어. 그래도 너의 입장에서 생각해 보려고 노력하는 중이야"라고 말해보자. 진심 어린 마음을 담은 대화는 아이에게 큰 힘이 되고 자신을 알아가는 데 도움이 된다. 이런 경험은 내적 갈등을 인식하고 해결하는 법을 배우는 데 필요한 발판이 되어줄 것이다.

일상에서 만나는 다양한 형태의 '다름'을 함께 찾아보고 사람들이 다름을 어떻게 받아들이는지 말로 표현해주고, 달라도 잘못된 게 아니라는 인식을 꾸준히 심어줘야 한다. 그것이 아이가 성장하는 데 좋은 환경을 만들어줄 것이며, 그 속에서 아이는 스스로 자기 기질을 이해하고 사랑하여 나은 사람으로 발전할 수 있다.

많은 부모가 "긍정적이고 부지런한 건 닮으면 좋겠지만 우유부단한 건 닮지 않았으면 좋겠어요", "적극적이고 야무진 건 닮았으면 좋겠지만 버럭 화내는 건 닮지 않았으면 좋겠어요"라고 말하는 건 아이가 나처럼 마음고생하지 말고 평탄하게 잘 살길 바라는 마음에서 비롯된 것이다. 그러나 완벽한 성향의 아이를 키운다고 해도 인간은 본능적으로 더 완벽하길 바라는 욕심에 잔소리를 할 것이다. 지나치게 외향적인 아이를 키우는 부모는 아이가 제발 1분만이라도 조용히 있었으면 좋겠다고 생각하고, 지나치게 내향적인 아이를 키우는 부모는 아이가 제발 자기표현을 잘했으면 하는 생각을 하는 것처럼 말이다.

기질은 바꿀 수 없지만 환경에 따라 변화할 수 있다. 아이와 가장 가까운 사람이 나누는 긍정적인 상호작용과 좋은 양육 환경이 무엇보다 중요하다. 아무리 좋은 기질을 가지고 태어났어도 지적받고 억압된 경험만 있다면 좋은 특성은 소멸할 수밖에 없다.

모든 아이는 각기 다른 성향을 가지고 태어나 자신만의 속도로 자란다. 몇 년째 전교 1등을 하는 아이는 원래 그 자리에 있어야 하는 아이이고, 몇 년째 전교 꼴등을 하는 아이도 원래 그 자리에 있어야 하는 아이다. 단, 전교 꼴등도 공부를 뺀 나머지 분야에서 전교 1등보다 훨씬 더 월등하게 잘하는 것이 분명히 있다는 것을 잊지 말자.

내일 또 하고 싶게 만드는 동기 부여하기

하루는 만 4세 아이를 키우는 엄마와 상담을 했다. 진료실에 함께 온 아이의 표정은 그 누구보다 해맑았지만 엄마는 표정도 어둡고 많이 지쳐 보였다. 상담 온 아이는 또래보다 말이 늦었다. 친구를 좋아하지만 또래보다 표현력도 부족하고, 다 같이 노는 게임 규칙을 완벽히 이해하지 못해서 학교에서 혼자 노는 상황이 늘어나고, 집에서는 자기 방식대로 놀이를 하려고 해서 매번 울음바다로 놀이가 끝난다고 했다. 무엇보다 아이가 충분히 할 수 있는 활동도 따라오지 않아 매번 아이에게 언성을 높여야 하고 이런 일상을 쳇바퀴 돌 듯이 매일 보내야 하는 게 힘들다고 엄마는 말했다.

상담을 하면서 유심히 아이를 관찰해보니 또래보다 신체 발달이 우수하고 에너지도 넘쳐 신체 활동에는 적극적인 태도를 보였다. 그렇다면 이 아이에게는 몸을 움직이는 활동적인 치료 프로그램을 제시해야 치료의 참여도를 높일 수 있다. 나는 아이의 엄마에게 일상에서 유독 하기 싫어하는 활동이나 간단한 보드게임을 할 때 무조건 '움직임을 포함'하라는 미션을 줬다.

이들이 상담을 마치고 집으로 돌아간 지 얼마 지나지 않아 홈 프로그램을 읽어본 엄마에게 연락이 왔다. 단순히 수용언어와 표현언어를 늘리는 방법을 알려줄 거라 예상했는데 주어진 홈 프로그램은 예상과 달랐기 때문이다.

언어 치료의 기본은 일상에서 아이의 언어 발달 상황에 알맞은 언어 환경을 제공해주는 것이다. 그러나 좋은 언어 환경을 만들어줘도 아이가 하기 싫어하면 소용이 없다. 그래서 좋은 언어 환경에는 '내일 또 하고 싶다'는 마음을 몸소 느끼게 해주는 동기부여도 꼭 있어야 한다.

예를 들어 올해 여름휴가는 예쁜 수영복을 입고 수영을 하며 보내기로 계획을 세웠다고 하자. 그럼 제일 먼저 몸을 탄탄하게 만들기 위해 식단을 조절하며 매일 운동을 시작할 것이다. 몇 번 계획했던 일과를 보내니 얼마 지나지 않아 꽉 꼈던 청바지가 약간 헐렁해졌음을 느낀다면 얼마나 기분이 좋은가. 아마 '내일도 꼭 운동해야지!'라며 강한 의욕을 보일 것이다. 이런 마음이 생긴 이유는 목적을 달성할 수 있다는 희망과 그 과정에서 오는 즐거움을 맛보았기 때문이다.

아이도 마찬가지다. 아이의 동기와 욕구를 건드려야 스스로 움직일 마음이 일어난다. 작게라도 성공의 경험을 맛본다면 그 동기는 한층 더 강화된다. 아이가 내일 또 하고 싶게 만들고 싶다면 무조건 성공 확률이 90%인 과제에서 아이가 좋아하고 재미있어 하는 것을 찾아야 한다.

단, 주의할 점이 있다. 과제를 끝까지 수행하기 위해서 외부 보상을 조건으로 제시하지 말아야 한다. 이를테면 과제를 수행하면 텔레비전을 볼 수 있거나, 과제를 끝낼 때마다 아이가 좋아하는 간식을 주면 아이는 외적 동기를 받기 위해 지시를 잘 따르지만 보상이 없어지면 동기와 목적을 잃는다.

아이에게 내적 동기와 외적 동기를 함께 주면 외적 동기로 관심이 집중될 수 있다. 그래서 활동 자체가 보람 있고 의미 있다고 느낄 수 있게 재미있는 환경과 기회를 제공해야 한다.

외적 보상을 절대 주면 안 된다는 말은 아니다. 그러나 동기부여는 마음에서 우러나와야 한다는 것을 잊지 말자.

스스로 더 하고 싶게끔 만들려면 난이도를 조절하며 놀이 환경을 제공하는 것이 좋다. 물티슈 뽑기를 좋아하는 아이라면 물티슈 뽑기 활동을 시작하고, 차 키에 관심을 보이는 아이에게는 차 키를 활용한 놀이를 제안하자. 두루마리 휴지를 돌돌 풀어 놓는 아이에게는 이것을 응용해 언어 자극을 시도해보자.

이때 부모는 '반응 React'을 잘해줘야 한다. 무슨 말을 해야 할지 모르겠다면 굳이 말은 안 해도 된다. 반응은 언어적 단서보다 비언어적 단서가 큰 비율을 차지하기 때문에 아이가 따라 하기 쉬운 소리를 내며 표정으로 말해보자. 보통 옹알이를 시작할 때 제일 내기 쉬운 '아', '오', '우'처럼 모음과 비슷한 소리를 내고, '마마마' 혹은 '바바바'처럼 모음과 자음을 합쳐 소리를 낸다. 첫 단어로도 '엄마', '아빠', '맘마'처럼 아랫입술과 윗입술이 닿았다 떨어지면서 나는 입술 소리(ㅂ, ㅃ, ㅍ, ㅁ)를 내보자.

아이가 재미있어 하는 활동을 찾았다면 아이를 보고 "어?", "오잉?", "어오우!"라고 말하며 '어머, 저건 너무 재미있어 보여 나도 당장 함께 하고 싶다!'라는 신난 표정만 지어줘도 충분하다.

반응을 해주는 목적은 아이가 부모에게 주의를 기울이고 부모가 하는 반응을 따라 했을 때 즐겁다는 걸 느끼게 해주기 위해서다. 아이가 물티슈를 한 장 뽑을 때마다 재미있는 소리를 내며 반응하고 잠시 기다려보자. 아이가 반응을 요구하는 행위를 다시 취한다면 부모 또한 반복해서 반응해주자.

확장된 놀이로
내적 동기 만들기

　　아이가 현재 진행하는 놀이에 적응했다면 은근슬쩍 난이도를 조절해서 전보다 아주 조금 확장된 놀이에 자연스럽게 참여하도록 유도해야 한다. 난이도 조절의 핵심은 앞서 설명한 아이 스스로 과제를 수행하는 수준과 언어 촉진에 의해 수행하는 수준의 차이 그리고 잠재적 발달 수준을 알면 누구나 쉽게 할 수 있다. 현재 아이가 스스로 할 수 있는 일(You do), 도움을 받아야 할 수 있는 일(We do), 도움을 받아도 아직 할 수 없는 일(I do)로 나누어 생각해보자.

　　아이가 현재 수준보다 약간 높은 수준의 과제를 수행하기 위해 부모는 발판을 마련해주고, 아이 스스로 과제를 수행할 수 있을 때 발판을 제거하는 과정을 반복해주는 게 올바른 언어 환경이다. 아이가 스스로 두발자전거를 타려면 처음에는 보조 바퀴가 달린 네발자전거로 페달을 밟는 연습을 먼저 시키고, 그다음 보조 바퀴를 떼고 부모가 자전거 뒤쪽을 살짝 잡고 달리면서 아이가 스스로 균형을 잡고 탈 수 있게 도와주는 것과 같은 이치다.

　　이와 같이 물티슈를 뽑는 행위는 아이가 스스로 할 수 있는 일이니 2단계와 3단계를 파악하기 위해 아이가 관심을 가질 만한 행동을 시도해보자. 예를 들어 아이가 가장 좋아하는 인형을 가

겨와 뽑아놓은 물티슈로 인형의 얼굴을 닦아주면서 "아이, 예뻐"라고 언어 확장을 해보거나 "쏙, 빠빠이"와 같은 재미있는 소리를 내며 물티슈를 통에 다시 넣는 행동을 해보는 것이다.

만약 부모가 인형을 들고 있을 때 아이가 인형의 얼굴을 물티슈로 닦아준다면 이 단계가 2단계가 된다. 아이의 손을 살짝 잡아주며 물티슈를 다시 통에 넣어보자. 아이가 어려워하면 이 단계를 3단계로 여기면 된다.

이러한 상호작용으로 아이는 새로운 것을 하고 싶은 마음이 생기고 '어? 이거 뭐야, 해보니까 생각보다 재미있네?'라고 느끼는 순간 자연스럽게 그 활동을 반복하고 싶은 욕구가 생겨 '또 하고 싶다'는 내적 동기가 생긴다.

나에게도 내적 동기 선물하기

부모는 아이에게 성장할 수 있는 환경을 매일, 꾸준히 제공해야 하므로 부모도 내일 또 아이와 함께 놀고 싶은 마음이 들어야 한다. 아이가 내일 또 놀이를 하고 싶어 해도 부모가 따라주지 않으면 아무리 많은 지식과 원칙을 알고 있어도 소용이 없고 실행하지 못한다면 변화하기 힘들다.

무언가를 아이와 매일 실천하기 위해서는 부모가 매일 숨 돌릴 시간을 확보해야 한다. 만약 매일 10분씩 온전히 아이에게 집중하고 질 높은 상호작용을 하며 놀았다면, 그것에 2배 정도 되는 20분은 나에게 선물해야 한다. 매일 부모의 에너지가 충전되고 마음이 이완되는 시간이 확보되어야 부모도 내일 또 하고 싶은 마음이 생길 것이다.

CHECK POINT

우리 아이는
어떤 성향의 아이일까?

기질은 태어날 때부터 타고난 특성이며 세상에 반응하는 방식이다. 엄마 배 속에서 형성된 기질은 아이가 새로운 사람과 어울리고, 낯선 상황에 적응하고, 감정을 다루고, 행동을 조절하는 방식에 영향을 미친다. 같은 배에서 태어나도 성격은 선천적으로 가지고 태어난 기질에 양육 환경이 더해져 만들어진다. 따라서 부모가 아이의 기질을 잘 알고 있어야 양육 환경을 조성해서 적절한 도움을 줄 수 있다.

　대표적인 기질 3가지 유형은 순한 기질, 까다로운 기질, 더딘 기질이 있다. 대부분 아이는 3가지 특성을 모두 갖고 있는데 그중 1가지 특성이 좀 더 강하게 나타난다. 우리 아이는 어떤 특성을 가장 많이 보이는지 살펴보자.

순한 기질 특성 Easy/Flexible

전체 아동의 대략 40%를 차지하는 순한 기질을 가진 아이들은 새로운 사람과 낯선 환경을 비교적 쉽게 받아들이고 변화에 빠르게 적응하는 편이다. 평소 생활 습관이 규칙적인 편이고, 울음이 짧고, 부모가 아이의 문제를 파악하고 해결하는 것이 어렵지 않다. 일반적으로 명랑하고 긍정적인 태도를 보이고 자신이 원하는 것이 수용되지 않아도 부모의 말을 듣고 쉽게 수긍하는 경향이 있다.

1. 새로운 사람, 낯선 환경을 비교적 쉽게 받아들인다
2. 생활 습관이 규칙적인 편이다
3. 고집을 잘 부리지 않고 어른의 말을 잘 따르는 편이다

순한 기질 양육법: 자율성과 주도성

쉽게 적응하고 혼자서도 조용히 자기 일을 알아서 잘하는 순한 기질의 아이는 집단에서 눈에 잘 띄지 않아 상대적으로 방치되기 쉽다. 어른의 요구에 쉽게 순응하는 경우, 하고 싶은 말을 못하고 부모가 내린 결정을 따라가는 의존적인 성향이 나타날 수 있다. 따라서 순한 기질의 아이를 양육할 때는 아이의 의견을 물어보고 선택권을 제시하면서 자율성과 주도성을 키워주는 것이 중요하다.

까다로운 기질 특성 Difficult/Challenging

전체 아동의 대략 10%를 차지하는 까다로운 기질은 다루기 어렵

기로 소문났지만 매력 있는 기질이다. 까다로운 기질의 아이는 에너지가 넘쳐 매우 활동적이고 좋고 싫음이 분명한, 자기주장이 강한 성향을 갖고 있다. 낯선 사람과 새로운 환경에 적응하기까지 시간이 걸리지만 한 번 적응하면 안정적인 생활을 할 수 있다.

자극에 매우 민감해서 사소하고 작은 자극에도 크게 울며 반응하고, 부정적인 의사 표현을 유독 많이 한다고 느낄 수 있다. 감각적으로 민감해 생활 습관 또한 불규칙적이다.

1. 사소하고 작은 자극과 변화에도 거부 반응을 보인다.
2. 새로운 환경에 적응하기까지 시간이 걸린다.
3. 에너지가 넘치고 매우 활동적이다.
4. 자기 주장이 강하고, 의사 표현을 분명하고 뚜렷하게 한다.
5. 생활 습관이 불규칙적이다.

까다로운 기질 양육법: 건강한 마인드와 인정

매우 활동적이고 사소한 요구가 많은 아이를 가진 부모는 자기 관리를 우선시해야 한다. 부모가 정신적, 신체적으로 건강할 때 아이의 마음을 들여다볼 여유가 생기고 아이의 의사를 인정해줄 수 있는 여력이 생긴다. 그러면 아이와 맞서 싸우지 않고 아이에게 마음껏 표현할 기회를 주는 동시에 상황을 제대로 인식하고 스스로 알맞은 대안을 선택할 수 있게 해준다.

느린 기질 특성 Slow to warm up/Cautious

전체 아동의 대략 15%를 차지하는 느린 기질을 가진 아이들은 마음의 준비 시간이 많이 필요하고 수줍음이 많은 아이다. 새로운 상황에 직면하면 움츠러드는 경향이 있고 불안감을 많이 느껴 부정적인 반응을 자주 보인다. 새로운 환경과 낯선 사람에게 천천히 적응하는 모습은 까다로운 기질과 유사하지만 크고 격한 반응보다 신중하고 조심스러운 반응을 보인다. 경험이 쌓이고 나이가 들수록 새로운 변화도 수월하게 받아들인다.

1. 낯선 사람, 새로운 환경에 신중하게 접근한다.
2. 새로운 상황에 움츠러들고 회피하는 경향이 있다.

느린 기질 양육법: 안정감과 인내심

새로운 환경을 회피하려 하고 낯선 자극에 신중하게 접근하는 느린 기질 아이에게는 충분한 시간을 줘야 한다. 일정한 일상 루틴으로 불안감을 줄여주고, 일정에 차질이 생기거나 작은 변화가 있는 경우 미리 알려줘 마음의 준비를 하게 해야 한다. 한 번에 하나씩, 조금씩, 천천히 접근할 때 아이는 마음을 열고 안정적으로 생활할 것이다.

· PART 4 ·

말이 느린 아이를 위한 엄마표 언어 치료

언제든 할 수 있는
PDF 언어 촉진 상호작용

아이는 놀이를 통해 세상을 배운다고 한다. 그런데 매번 같은 장난감을 가지고 똑같은 방식으로 노는 아이를 보면 무언가를 배우고 있는 게 맞는지 의문이 들 때가 있다. 그래서 부모는 다른 방식으로 놀아주려고 한다. 하지만 어떻게 놀아줘야 할지 모르니 아이에게 놀이를 가르치는 상황을 만들 수도 있다.

아이와 어떻게 놀아야 할지 모르겠다면 놀이에 임하는 나의 태도를 돌아봐야 한다. 많은 부모가 처음에는 아이 방식에 맞춰 잘 놀아준다. 그러나 몇 분 지나지 않아 "이건 무슨 색이야?", "이건 어떻게 하는 거야?", "똑똑똑! 이렇게 문 두드려 봐!", "이렇게 따라 해봐!", "소방차 어디 있지?"라며 놀이가 학습으로 이어지게 만든다.

놀이를 시작한 지 얼마 지나지 않아 아이가 놀이 장소에서 벗어나거나, 가지고 놀던 장난감을 부모가 못 만지게 감추고 훼방을 놓는다면 아이가 놀이에 대한 흥미가 떨어졌다는 신호로 받아들여야 한다. 그럴 땐 우선 '어떻게 하면 하나라도 더 가르쳐줄까'에서 '어떻게 하면 다시 흥미를 느끼게 해줄까'로 생각을 전환해야 한다.

이럴 때는 언어 촉진과 상호작용을 유도하는 'PDF 언어 촉진 상호작용'을 써보자. PDF 언어 촉진 상호작용은 '잠시 멈추기 Pause', '말의 필요성을 느낄 수 있도록 욕구 지연하기 Delayed needs', '빈칸 채우기 Fill in the blank'의 줄임말이다. 이 상호작용은 꼭 장난감으로 놀 때가 아니어도 밥 먹을 때, 샤워할 때, 노래할 때 등 언제 어디서나 적용할 수 있는 효과적인 놀이 방법이다. PDF 언어 촉진 상호작용을 일상에서 써본다면 잠자리에 든 아이를 보면서 조금 더 잘 놀아주면 좋았을 걸, 좀 더 자극을 줄 수 있는 환경을 만들어줄 걸 등의 후회를 줄일 수 있다.

밀고 당기는
잠시 멈춤 놀이

우선 놀이를 너무 어렵게 생각하지 말자. 놀이할 때 부모의 역할은 관찰과 동기를 부여하는 것뿐이다. 놀이를 통해 자연스러운 학습이 이뤄지기 위해서는 무조건 아이의 관심과 흥미로 시작하여 자발적인 동기가 생기게 만들어야 한다. 그래야 다음에도 놀이를 하고 싶은 마음이 들 수 있다.

가장 먼저 아이가 관심 있는 장난감으로 어떻게 노는지 관찰하자. 평상시에 아이를 유심히 관찰하면 아이가 어떤 사물에 관심을 보이고, 어떤 활동에 흥미를 보이는지 알 수 있다. 예를 들어 밥을 먹다 수저를 컵에 넣었다 뺐다 하고, 빈 통에 시리얼을 쏟아붓고, 구슬을 빈 통에 넣었다 뺐다 하는 놀이를 즐겨한다면 '넣고 빼는 패턴'에서 시작해보자. 그다음 가르쳐주고 싶은 단어 1개를 강조하고 목소리 높낮이를 조절하며 반복적으로 모델링(부모가 직업 사용하고 보여주기)해주면 된다. '가가구구'밖에 못 하는 옹알이 단계라면 1단어 단계에서 자극을 주고, '까까'라고 표현하는 1단어 단계라면 '까까+넣어'와 같은 2단어 단계로 점차 자극을 늘리면 된다.

어떤 활동을 하든지 아이와 자연스럽게 눈맞춤을 유도해야 한다. 아이가 과자를 달라고 한다면 아이 앞에 빈 통을 놓고 아이의 눈을 보며 "쏙"이라고 말하며 과자를 하나씩 통에 넣어주자. 아이가 통에 담긴 과자를 꺼내서 먹을 때 "꺼내" 혹은 "먹어"라며 '타깃 어휘'를 반복하자. 타깃 어휘를 고를 때는 다양한 상황에서 사용할 수 있는 기능적 단어 위주로 듣기 때문에 재미있고 따라 하기 쉬운 '의성어'와 '의태어'를 사용하면 더 효과적이다.

모델링의 주목적은 아이가 예측할 수 있는 패턴을 만들기 위해서다. 아이가 어느 정도 패턴에 익숙해지고 과자를 또 달라고 요청할 때 부모는 무언가를 기대하는 반짝반짝한 눈빛으로 과자를 통에 넣을 듯 말 듯 하며 멈춰야 한다. 멈추는 시간은 자발적으로 아이가 표현할 수 있게 유도하는 것이라서 짧아도 안되고 길어도 안된다. 시간을 너무 끌면 아이는 금세 흥미를 잃을 수 있다.

아이가 과자를 통에 더 넣어 달라고 표현하면 즉시 "쏙" 하며 넣어 주고, 별 반응이 없으면 관심이 다른 곳으로 가기 전에 "쏙" 하며 관심을 다시 끌어와야 한다. 이때 아이에게 강압적으로 말을 따라 하게 만들면 안 된다. 아이는 눈빛, 표정, 몸짓 중 어떤 방식으로 의사를 표현해도 된다. 다시 한 번 강조하지만 말하는 것보다 상호작용을 할 때 얼마나 즐거운지 느끼게 하는 것이 훨씬 더 중요하다.

놀이할 때도 이 방법을 적용하면 된다. 집 안 곳곳을 돌아다니며 방문, 수납장 등 열고 닫을 수 있는 모든 걸 좋아하는 아이라면 놀이를 조금 연장하여 모델링해주면 된다. 1단어 단계에서 언어 자극을 준다면 "똑똑!", "쿵!", "열어", "닫아"를 반복해 알려주면서 수납장 안에 자동차 장난감을 숨겨 숨바꼭질 놀이로 연장할 수 있다. "꼭꼭, 숨어라", "어디 있지?", "찾았다!"를 무한 반복하여 아이가 예측할 수 있는 패턴을 만들었다면 아이가 더 하고 싶어 할 때 잠시 놀이를 멈춰 더 해달라는 표현을 유도하자.

엄마를 엄마라고
부르지 못하는 아이

만 0~5세 아이들은 하고 싶은 건 많지만 스스로 할 수 있는 건 제한적이다. 아이들은 부모의 손을 끌어당겨 자신이 원하는 물건 앞에 데리고 가거나 원하는 것을 직접 가져와서 부모 손에 쥐어주며 열어달라고 표현한다. 그러다 말이 늘면 언어로 욕구를 전달하지만 말이 느린 아이는 자신의 욕구를 원활하게 표현할 수 없어 떼쓰는 빈도가 잦아진다.

간혹 몇 개의 단어를 말할 순 있지만 '엄마'라는 말은 하지 않는 아이들이 있다. 그 아이들은 엄마라는 말을 해야 할 필요성을 느끼지 못해 말하지 않았을 가능성이 매우 높다. 아이가 때리고, 울고, 소리 지르며 떼를 쓸 때마다 어떻게든 상황을 빨리 종료시키려고 아이가 원하는 걸 즉각 주었다면 엄마를 굳이 부르지 않아도 원하는 것을 얻을 수 있다는 기본값이 아이에게 자리 잡았을 것이다.

만약 엄마를 때리는 것처럼 잘못된 표현 방식으로 엄마의 주의를 끌어왔다면 앞으로는 "엄마"라고 해야 한다는 걸 알려줘야 한다. 가장 쉬운 방법은 올바른 행동 혹은 추구하는 행동('엄마'라고 부르기)에 대해 즉각 보상을 제공하고 잘못된 행동(때리기)에는 무관심한 반응을 보여주는 것이다. 예를 들어 다른 사람이 엄마에게 "엄마!"라고 부르면 엄마는 크게 반응을 해주고 이 모습을 반복적으로 아이에게 보여줘서 '엄마'라고 부를 때 엄마의 주의를 바로 끌 수 있다는 걸 알려주자. 맛있는 간식을 보상으로 줘서 엄마를 부르면 좋은 일이 생긴다는 걸 몸소 깨닫게 해도 좋다. 반대로 엄마를 때리는 잘못된 행동은 무시하거나 무반응으로 침착하게 대응해야 한다.

말의 필요성을 느끼게 하는
욕구 지연 환경 제공

적극적으로 의사 표현을 하지 않아도 원하는 것을 쉽게 얻을 수 있고, 무언가 요구하기 전에 욕구가 충족된다면 아이들은 말의 필요성을 느끼지 못해 입을 다물기도 한다. 아이의 눈빛만 봐도 아이가 무엇을 원하는지 본능적으로 알고 모든 걸 미리 줬다면 앞으로는 아이 스스로 욕구를 표현할 수 있게 도와줘야 한다.

이럴 땐 일상생활에서 말의 필요성을 느낄 수 있도록 욕구를 조절하고 주변 환경을 조작하여 표현할 기회를 자주 주자. 예를 들어 밥 먹을 때 항상 물을 마시는 아이라면 밥만 주고 물을 주지 말고, 빨대를 꽂아야만 마실 수 있는 주스를 아이에게 줄 땐 빨대를 빼고 주스만 주고, 짝이 맞지 않는 양말을 일부러 신겨보자.

과자를 줄 때면 봉지를 미리 다 뜯어서 주지 말고, 뜯지 않은 채 주면 된다. 그러면 아이는 자신의 욕구를 표현하려 애쓸 것이다.

아직 아이가 의미 없는 옹알이 단계에 있다면 가장 초기에 발음하는 모음(ㅁ, ㅂ, ㅃ, ㅇ) 위주로 소리 내기 쉬운 표현에서 시작하면 된다. "물 주세요"를 '무'로 표현할 수도 있고 '우유'를 '우'로 표현할 수도 있다. 정확하게 말하지 못하더라도 아이가 무언가를 표현했을 때 부모는 즉각적으로 반응해줘야 한다. 그러면 아이는 자신의 표현이 상대방에게 영향을 끼칠 수 있다는 것을 알아차리게 된다. 이 방법을 잘 기억하여 아이의 일상에서 작게나마 표현할 수 있는 기회를 자주 마련해주자.

놀이를 할 때도 마찬가지다. 놀이는 아이가 주도하되 놀이 환경은 부모가 조작해야 한다. 아직 소근육이 충분히 발달하지 않은 시기에는 장난감을 수납함에서 꺼내기가 어렵다. 그럴 땐 흔히 부모의 도움이 필요한데 속이 보이는 투명 지퍼백이나 투명한 통 안에 장난감을 넣으면 아이가 통을 보고 원하는 장난감을 요구할 수 있다.

아이와 함께 음식 모형 장난감을 가지고 놀 때도 처음에 모든 걸 한꺼번에 다 주지 말고 1~2가지 종류의 음식 장난감을 앞에 놓고, 아이가 더 원할 때 표현을 유도하며 "너무 배고파. 더 먹고 싶어"라며 언어 자극을 더 제공해보자.

만약 아이가 자리를 뜨거나, 계속 돌아다니거나, 다른 장난감에 관심을 보이는 등 흥미를 잃는다면 상호작용에 방해가 될 만한 환경적인 자극을 정리하고 놀이를 다시 시도해보는 것이 좋다. 방해 요소를 없애기 어렵다면 조금 더 정리된 다른 공간이나 더 좁은 공간에서 시작하는 것도 방법이다.

아이 반응을 유도하는 빈칸 채우기 놀이

모든 일상을 상호작용으로 전환하는 쉬운 방법은 "준비, 시작!", "Ready, set, go!", "하나, 둘, 셋!"과 같은 아이가 모방하기 쉬운 간단한 구절을 반복해 평범한 활동을 조금 더 특별하게 만드는 것이다. 이제부터 아이가 뛸 때, 미끄럼틀을 탈 때, 자전거를 밀어줄 때, 양치하러 갈 때, 차에 시동을 걸고 출발할 때 등 주어진 일과를 수행할 때 "준비, 시작!"과 같은 간단한 구절을 반복해서 사용해보자.

공놀이를 할 때 그냥 공을 차는 게 아니라 "자, 공 간다. 하나, 둘, 셋!"을 외치며 아이에게 무엇을 할 건지 간단하게 이야기하여 마음의 준비를 할 시간을 주고, 다음에 일어날 일에 대한 기대치를 높여주자. 비눗방울 뚜껑을 열어줄 때도 그냥 열어주지 말고 기대되는 눈빛과 함께 "열어줘? 열어볼까? 하나, 둘, 셋!" 하며 열고, 한 번만 불고 뚜껑을 빨리 닫아보자. 뚜껑을 닫은 상태에서 조금 시간을 끌었다면 다시 "또 열어볼까? 하나, 둘, 셋!"을 외치며 뚜껑을 열고 비눗방울을 방금 전보다 더 신나게 불어 아이의 흥분을 일으켜보자.

공차기를 할 때마다 "하나, 둘, 셋!" 같은 예상 가능한 구절을 외치면 어느 순간 아이도 그 구절에 익숙해지는 순간이 찾아온다. 그때 '빈칸 채우기'를 적용하면 된다. "자, 공 간다. 하나, 두울~"에서 멈추고 아이가 마지막을 채울 수 있게 기다려주며 반응할 기회를 주는 것이다. 아이가 "셋!"이라고 정확히 발음하지 못해도 기대에 가득 찬 눈으로 "아!"라며 빈칸을 채우는 즉시 공을 아이에게 주면서 "셋!"을 외치며 한 번 더 명확한 발음을 듣게 해주자.

숫자 세기에 흥미를 보인다면 숫자를 응용해 상호작용을 조금 더 길게 유지해도 좋다. 아이와 침대에 몸을 던지며 논다면 숫자를 10까지 세고 나서 "쿵!"과 같은 의성어나 의태어를 외치며 아이를 침대에 던지는 것이다. 이렇듯 상호작용 능력이 부족한 아이는 질문에 대답하게 만들고, 지시를 따르게 하는 방법으로 접근하지 말고 재미있는 교감을 통해 상호작용의 매력을 느끼게 해야 한다.

그다음에는 아이의 관점에서 그다음에 무슨 일이 일어날지 기대하게 만들어야 한다. 이것은 전적으로 부모의 표정과 감정에 달려 있다. 잠기 놀이를 할 때 "엄마가 잠으러 간다. 하나, 두울,

셋! 다다다닥!" 하며 추격전을 펼치듯 실감나게 잡으러 가는 사람과 "잡는다? 잡았다"라며 로봇처럼 무미건조하게 노는 사람이 있으면 누구와 놀고 싶을까? 무표정과 감정 없는 목소리로 아이와 놀아주면 놀이는 짧게 끝날 것이다.

아이가 부모와 교감하는 시간을 좋아하려면 우선 부모가 즐거운 마음으로 놀이에 임해야 한다. 그러기 위해선 놀이를 너무 피곤하지 않고 시간에 쫓기지 않을 때 시작하는 게 좋다. 너무 바빠서 도저히 시간이 나지 않더라도 하루에 딱 5분만 투자해보자.

목소리의 억양이나 톤을 재미있게 조절할 수 없다면 노래를 활용해도 된다. 동요는 아이가 쉽게 따라 할 수 있는 의성어(멍멍), 의태어(반짝반짝)가 많이 있고, 옹알이를 시작할 때부터 자주 사용하는 모음과 자음이 많이 섞여 있어 일석이조의 효과를 볼 수 있다. 아이의 집중도에 따라 노래를 처음부터 끝까지 불러도 좋고 몇 구절만 불러도 좋다.

아이가 노래와 놀이 패턴에 익숙해지면 노래를 잠시 멈추고 마지막 빈칸을 채우도록 유도하자. 닭이나 말 같은 동물 장난감을 가지고 논다면 아이와 마주 보고 앉아서 〈할아버지 농장에 가요〉를 반복해서 부른다면 아이가 쉽게 따라 할 수 있는 '이 아이 아오' 부분을 강조하는 것이다. "할아버지 농장에 이아이아~(3초 시간 끌기) 오!" 이렇게 말이다. 이 구절이 익숙해졌다면 "이 아이 아~" 하고 잠시 멈춰서 무언가를 기대하는 눈빛과 함께 입술을 동그랗게 만들고 아이가 '오'를 표현할 수 있는 기회를 제공해 주자.

'말이 느린 아이에게는 말을 많이 하는 수다쟁이 부모가 필요하다'는 말을 한 번쯤 들어보았을 것이다. 이에 대한 내 의견은 중립이다. 수다쟁이 부모가 된다고 해서 온종일 쉬지 않고 말하는 건 불가능하며 그렇게 말을 많이 하는 건 오히려 역효과를 불러일으킬 수도 있다. 나는 영어를 못하는데 외국인이 나에게 매일 알아듣지도 못하는 영어로 쉬지 않고 말을 건다고 생각해보자. 말이 너무 길어 알아듣지 못하고, 알아듣지 못하니 지루하고, 지루하니 주의를 기울이고 싶은 마음이 없어져 오히려 그 사람이 입을 열면 귀를 닫을 수도 있다. 부모의 말수가 적어 아이에게 충분한 언어 자극을 주지 못하는 것 같다면, 걱정하지 말고 앞에서 설명한 것부터 시작해보자. 아이의 발달 수준에 알맞게 따라 할 수 있는 선 안에서 흥미를 유발하고 싶게끔 말이다.

쉽게 따라 하는
엄마표 언어 자극

수많은 '언어 자극법'을 시도해도 아이의 언어 발달이 제자리라면 잠시 집 안 환경을 둘러보길 바란다. 집에 '국민 육아템' 혹은 '국민 장난감'이 몇 개나 있는가? 터울이 적은 세 자매가 사는 우리 집은 '국민템'을 찾아보기 힘들다. 큰아이가 만 7세가 지났음에도 우리는 어느 집에서나 하나씩 구비한다는 동화 전집이 없다. 심지어 첫째만 있었을 때에 비하면 지금은 장난감이 반 이상 줄었다. 놀이방에 있는 장난감들은 시간이 지나도 다양한 연령대 아이가 잘 가지고 노는 것들만 남아 있다. 그것만으로도 충분하다.

　요즘 아이들은 심심할 틈이 없을 정도로 끊임없이 여기저기에서 자극을 받는 환경에 놓여 있다. 자극은 좋은 것이고 지금 주는 것보다 더 많이 무언가를 해줘야 할 것 같지만 사실 아이는 지금보다 자극이 조금 '덜' 필요할 수도 있다. 가지고 있는 장난감이 질려 보이거나 같은 것만 가지고 노는 게 안쓰러워서, 새로운 자극을 접하게 해주고 싶어서 계속 장난감을 사주진 않는가? 적당한 지루함은 아이가 스스로 새롭고 창조적인 놀이를 만들어 놀 수 있게 한다.

아이는 지루함을 받아들이는 시간도 가져봐야 한다. 가끔은 심심함을 느껴야 한다는 말이다. 심심함을 경험해보지 못하고 끊임없이 들어오는 자극에 익숙해져 있다면 아이는 참을성이 부족해져 사회적 규범과 규칙을 지켜야 할 때 문제 행동을 일으킬 수 있고 다양한 어려움을 겪게 될 확률이 높다.

말이 느린 아이에게 언어 자극을 해줘야 한다는 말은 부모의 어깨를 무겁게 만들고 죄책감에 시달리게 한다. 자꾸 무언가를 더 해줘야 할 것만 같아서 부담되거나 때론 지금껏 충분한 자극을 주지 못한 것이 내 잘못인 것 같아 자책할 수도 있다. 이제 그런 죄책감은 과감하게 버리길 바란다. 올바른 자극은 내가 아이에게 의도적으로 주는 것이 아니라 스스로 받을 수 있도록 적절한 환경을 만들어주는 것이다. 따라서 '언어 자극법'은 '언어 환경 조성'이란 말로 바꾸는 게 더 적합할 수도 있겠다.

이처럼 언어 자극에 있어 부모의 역할은 필요할 때 살짝 환경을 바꾸고 그때그때 상황에 맞는 반응을 해주면 되는 것이다. 지금부터 소개할 언어 자극법은 놀이 환경을 조절하며 상호작용의 빈도를 높일 수 있도록 유도하는 방법이다.

은근슬쩍 끼 부리듯이 아이를 유혹하여 소통의 기회를 마련해보자. 단언컨대 연애 시절 곰 같았던 나도 할 수 있었기에 그 누구도 할 수 있다. 언어 촉진을 꾸준히 해줘도 여전히 상호작용이 잘 안 된다고 느껴지면 병리적 문제일 수도 있다. 그때는 언어 발달 평가를 꼭 받아보길 바란다.

아이와 연애하듯 주고받는 밀당 놀이

아이와 놀 땐 '연애 고수'처럼 놀아야 한다. 연애 고수라고 하면 가장 먼저 떠오르는 단어는 밀고 당기는 '밀당'이다. 호감이 있는 사람이 보낸 문자에 당장이라도 답장을 보낸다면 밀당에 실패한 것이다. 설레는 마음을 가라앉히고 잠시 기다렸다가 상대방이 '왜 답장이 오지 않을까?' 궁금하던 찰나에 회신을 보내는 게 진정한 밀당의 기술이다. 그러면 상대는 바로바로 오지 않는 답장에 약간의 긴장감과 궁금증을 가지고 당신이 연락을 하기만을 기다릴 것이다. 놀이도 마치 썸을 타는 연인처럼 해야 한다.

말은 이렇게 하지만 나는 밀당이라곤 할 줄 모르는 사람이다. 연애 시절에도 해보지 않았던 밀당을 놀이에서 하려니 막막

했지만 막상 하고 보니 정말 간단하고 쉽다. 연애에서 밀당은 확 잡아끌어 팽팽하게 당겼다 조금 놔주는 것이 핵심이다. 하지만 아이와 하는 밀당은 너무 밀어도, 너무 당겨도 안 된다. 너무 밀면 자리를 떠날 수 있고, 너무 당기면 흥미를 잃을 수 있기 때문이다.

아이와 노는 게 어렵다면 아이와 '놀아준다'에서 '함께 논다'로 생각을 전환해보자. 그다음 어떻게 하면 아이가 놀이에 오래 집중할 수 있는지(또는 어떤 놀이에 오래 집중하는지) 살펴봐야 한다. 놀이에 집중하는 시간이 짧으면 외부에서 들어오는 새로운 정보를 흡수하고 의사소통의 기본 기술을 배울 기회가 적어진다. 데이트 중에 상대방이 대화에 집중하지 못하고 시선이 다른 데로 가 있다면 그만큼 서로를 알아갈 수 있는 기회가 적어지는 것과 같다.

그렇다면 지금 나누는 대화에 상대방을 집중시키려면 무엇을 해야 할까? 그 사람을 진심으로 '관찰'하고, 무엇을 좋아하는지 '관심'을 가져야 하고, 능수능란하게 대화가 통하는 화젯거리를 찾아서 '대화를 시도'해야 한다. 놀이도 마찬가지다. 놀이가 세상에 전부인 아이를 대할 땐 부모도 놀이를 진심으로 대하면서 아이가 어떤 놀이에 관심을 보이는지 관찰하고 재미있게 놀아주려는 노력을 해야 한다.

일반적으로 아이는 자신의 나이의 2~3배 정도의 시간(분 단위)만 집중력을 발휘할 수 있다. 만 1세는 2~3분, 만 2세는 4~6분,

만 3세는 6~9분인 셈이다. 만약 아이가 거론한 시간보다 더 짧게 집중하는 편이라면 아주 조금씩 아이가 알아채지 못하게 집중하는 시간을 늘려줘야 한다. 약 1분 정도 놀이에 집중할 수 있는 아이에게 갑자기 10분 이상 집중하라고 하지 말고 1분 5초, 그다음엔 1분 10초, 이렇게 흥미를 잃지 않게 조금씩 늘려가야 한다.

평소 주의력이 낮아 놀이를 해도 30초 정도밖에 집중하지 못하는 아이가 있다. 그런데 이 아이는 자기가 좋아하는 동요에는 1분 30초 정도로 평범한 놀이보다 조금 더 길게 집중하는 모습을 보인다. 그렇다면 이 아이에게는 어떤 놀이를 유도해야 할까. 아이가 좋아하는 동요에 한 동작, 한 구절씩 시선을 끌 수 있는 요소를 추가하여 1분 35초 정도 집중력이 유지되도록 해보는 것이다.

〈머리 어깨 무릎 발〉 동요를 좋아한다면 율동을 하며 노래 1곡을 신나게 함께 부른 후 긴장감을 조금 더 유지하기 위해 "조금 더 빨리 해볼까?" 하며 박자를 빠르게 하여 한 번 더 불러봐도 좋다. 〈나처럼 해봐요〉, 〈호키포키〉, 〈우리 모두 다 같이 손뼉을〉 같은 동요를 부르며 동작이나 노래 구절을 조금씩 추가하면 좋다.

3초 안에 끝날 놀이를 10분으로 어떻게 늘릴 수 있을까? 이때는 반드시 부모가 아이의 놀이 세계에 들어가야 한다. 먼저 아이의 전반적인 놀이 패턴을 관찰하는 건 필수다. '넣고 빼기', '엎기', '쌓기', '무너뜨리기' 등 개월수 또는 연령마다 아이가 노는 놀이 패턴이 있다. 아이가 퍼즐 조각을 통에 다 넣었다가 빼고, 돌멩이를 가방에 넣었다가 다시 엎고, 각 티슈에서 휴지를 뽑았다가 다시 넣고, 공을 장난감 트럭에 넣었다가 뺀다면 넣고 빼는 동작에서 재미있는 의성어, 의태어를 사용해 언어 자극을 주며 3~5초 정도 놀이 시간을 늘려보자. 아이가 휴지를 하나씩 뽑으며 놀고 있을 때 뽑을 때마다 옆에서 "쏙"이라고 효과음을 더해 흥미를 끌어 올리거나, 다 뽑은 후에는 얼굴을 휴지로 가렸다 내리면서 까꿍 놀이를 한다거나, 입으로 휴지 불기 등 다양한 방법으로 놀이를 살짝 바꾸면서 시간을 조금씩 늘려보자.

아이가 어떤 장난감을 가지고 놀든 1가지 방식으로만 놀거나 장난감의 기능에 맞게 놀지 못한다면 장난감을 어떻게 가지고 노는지 알려줘야 한다. 레고 블록을 1~2개 쌓고 흥미를 잃는다면 어떻게 하면 3초 안에 끝날 놀이를 10분으로 늘릴 수 있을지 생각해보자. 레고 블록을 집 안 곳곳에 숨기고, 하나씩 찾아와서 쌓게 유도한 다음 마지막 블록 1개를 부모가 손에 쥐고 있다가 어느 손에 쥐었는지 맞혀보게끔 해서 놀이에 집중할 시간을 좀 더 줄 수 있다.

퍼즐 조각을 던지거나 손으로 만지기만 하고 정작 퍼즐 맞추는 일엔 큰 흥미를 보이지 않는 아이라면 퍼즐 1조각을 제자리에 놓는 것을 목표로 삼아보자. "자 이거 봐, 던지는 게 아니라 여기에다 맞춰야 해"라며 퍼즐을 완성하는 데 결과를 두지 말고, 아이가 놀이에 3초 더 주의를 기울일 수 있게 관심을 끌고 모델링을 통해 가르쳐보는 것이다.

아이는 부모가 무엇이든 척척 잘할 때보다 '모르는 척' 혹은 '실수한 척'하며 서투른 행동을 할 때 관심을 더 가진다. 이 점을 이용해 퍼즐 조각을 머리 위에 놓고 찾는 행동, 머리 위에 두고 "에취!" 재채기를 하며 일부러 떨어뜨리는 행동 등을 하여 아이의 관심을 끌어보자. 아이가 집중을 하면 그때 부모가 직접 퍼즐을 맞추는 모습을 보여주면 된다.

이렇게 서툴고 엉뚱한 행동을 통해 위치 명사(위, 아래, 안, 앞, 뒤, 옆), 신체 이름(머리, 눈, 코 등), 동사(찾아, 떨어져, 숨겨, 열어 등)와 같은 어휘를 자연스럽게 아이에게 들려줄 수 있고, 이로 인해 어휘력을 더 확장해줄 수 있다. 퍼즐 맞추기에 관심을 가질 때쯤 부모가 일부러 맞지 않는 곳에 퍼즐을 맞추려 하며 아이에게 도움을 요청해보는 것도 아이가 놀이에 적극적으로 참여할 수 있게 유도하는 효과적인 방법이다.

아이가 놀이에 참여하는 시간이 길어질수록 새로운 언어 개념을 이해하고 활용하는 능력도 강화된다. 놀이는 아이의 언어 능력을 보여주는 척도로 사용될 만큼 밀접한 관련이 있다. 아이가 2개의 장난감을 조합하여 놀 때 2단어를 결합해 문장을 만들 수 있는 능력도 함께 발전된다. 아기 인형과 침대 모형 장난감을 같이 갖고 놀 수 있어야 물체와 동작을 조합하는 개념을 이해하고, 아기 인형을 침대에 재우는 놀이 과정을 통해 '아기+코 자'라는 문장을 습득하게 된다. 아이가 놀이를 '어? 생각보다 재미있네?'라고 느끼는 순간 언어 학습은 저절로 이루어진다.

아이가 주도하는 놀이에 참여하기

서로에게 호감을 느낀 단계를 지나 본격적인 연인으로 발전하려면 상대방이 나와 있는 시간이 즐겁고 행복하다고 느껴야 한다. 아이와 부모의 놀이도 마찬가지다. 아이가 부모와 노는 시간이 즐겁고 행복하다고 느끼는 건 주도적으로 선택한 놀이에 부모가 잘 참여하고, 좋아하는 방향으로 끌고 갈 수 있게 반응을 해주기 때문이다. 아이가 놀이의 주체가 돼서 진짜 내 것, 내 놀이라고 느끼면 아이는 스스로 특정 사람이나 상황을 따라 하고 몰입하게 된다.

간혹 "아이 주도 놀이를 해보려는데 반응을 보이지 않아요" 혹은 "어떻게 놀아줘야 할지 정말 모르겠어요"와 같은 고민을 듣는다. 이들의 공통점은 부모가 놀이를 통해 아이에게 무언가 가르치려고 하는 경우가 많다는 것이다. 예를 들어 레고 블록을 차곡차곡 높이 쌓아 집을 만드는 과정에서 아이가 자꾸 블록을 무너뜨린다면 부모는 "다시 쌓으면 돼, 빨간색 레고, 노란색 레고"라고 말하며 다시 만드는 행위에 집중한다. 여기서 아이는 블록을 무너뜨리는 행위가 재미있는데 부모는 집을 함께 만들기 위해 쌓는 것을 유도한다면 아이는 흥미를 잃는다. 다시 말하지만 부모는 놀이를 '놀아준다'에서 '함께 논다'로 생각해야 한다.

놀이할 때 부모의 역할은 아이와의 상호작용과 참여를 유도하는 것이다. '레고=무언가를 조립하는 장난감'이라는 공식이 있더라도 레고를 무너뜨리면서 흥미를 느끼는 아이라면 쌓고 무너뜨리는 반복적인 과정으로 집중력을 키우고 상호작용의 즐거움을 맛볼 수 있도록 이에 중점을 둬야 한다.

아이가 관심을 보이는 장난감으로 놀이를 시작했다고 해서 아이가 놀이의 주체가 되진 않는다. 아이가 관심 있는 놀잇감으로 시작했지만 얼마 지나지 않아 그 흐름이 끊기고 부모와 엇박자가 나는 상황이 생길 것이다. 그렇다고 "레고 그만할 거야? 그럼 치워야지. 치워볼까?"라며 부모가 놀이에 규칙을 정하고 통제하면 아이는 더 이상 놀이에 참여하고 싶은 마음이 들지 않을 것이다.

"이게 뭐였지?", "이건 뭐야?", "네모 어딨어?", "무슨 색깔이지?"라며 끊임없이 질문을 던지면 아이는 방해를 받게 되고 놀이의 흐름은 깨질 수밖에 없다. 그러면 결국 부모 입장에서는 아이가 잘 따라오지 않아 재미없고, 아이 입장에서는 공부를 하는 건지 노는 건지 혼돈이 되면서 금방 싫증을 내게 된다.

놀이가 학습이 되면 아이의 발달 수준에 맞지 않는 놀이를 강요하게 된다. 이미 알고 있는 것은 가르칠 필요가 없다 보니 아이의 현재 능력보다 높은 수준의 과제를 요구할 가능성이 높다. 물론 아이들은 자기 능력보다 1단계 높은 수준의 과제에 도전할 때 한 뼘씩 성장한다. 그러나 주어진 과제가 너무 어렵게 느껴지거나 마음껏 즐기고 싶어 시작한 놀이가 학습처럼 느껴진다면 아이는 더 이상 놀이에 반응하지 않을 것이다.

아이와 놀 때는 무언가를 가르치려 하지 말고 아이의 발달 수준에 알맞게 아이를 따라가야 한다. 부모의 지시나 반응에 의존하고, 상대가 먼저 무언가를 제시하기를 기다렸다 따라가는 게 익숙해진다면 아무리 새롭고 재미있는 놀잇감이 눈앞에 있어도 주도적으로 놀이를 이어나갈 수 없다.

스스로 놀이를 주도하는 ORP 법칙

놀잇감을 제공하되 놀이 방법을 알려주지 않고 아이 스스로 놀이를 이끌어나갈 수 있는 환경을 만들어줄 수는 없을까? 언어 발달을 위해 가정에서 가장 많이 사용하는 그림책으로 아이의 시선을 사로잡아 책 읽는 활동에 참여하고 흥미를 돋을 수 있는 'ORP 법칙'을 알아보자. 책을 선정하는 기준은 '관심사 관찰하기 Observe', '예상할 수 있는 반복적인 문구 사용하기 Repeat', '놀기 Play' 3가지로 나뉜다.

관심사 관찰하기

썸에서 연인으로 발전할 때 관심사를 알아내고 공유하는 시간이 있어야 하듯이, 아이와의 놀이가 썸에서 연인으로 발전하려면 아이의 관심사가 무엇인지 알아내고 같이 놀며 공유하는 시간을 가져야 한다. 이런 시간을 갖는 건 서로의 관계에 집중하기 위해서다. 썸을 타는 상대의 최대 관심사가 골프라면 '벙커', '퍼팅', '버디'와 같은 기본 골프 용어만 알아도 공감대가 형성돼 대화에 몰입할 수 있다. 나아가 데이트 코스로 골프를 치러 간다면 상대방의 관심사를 깊이 알아가고 서로 친해질 수 있다.

책을 많이 읽어주면 풍부한 어휘력을 키우는 데 도움이 되지만 아이가 관심을 보이지 않거나 집중하지 않으면 언어 발달에 큰 영향을 끼치지 못한다. 그렇다면 부모는 아이의 관심사를 파악하기 위해 가장 먼저 아이가 어떤 사물과 주제에 흥미를 보이는지 관찰해야 한다. 1~2일 정도만 관찰하면 적어도 1가지 관심사는 쉽게 알아낼 수 있다. 과일을 유난히 좋아하는 아이, 쓰레기

수거차가 지나가면 눈을 떼지 못하는 아이, 엄마의 하이힐을 신고 싶어 매일 신발장 앞에서 노는 아이 등 주로 아이가 노는 방법, 아이의 시선을 관찰하면 간단히 관심사를 알아낼 수 있다. 그다음 아이와 함께 도서관에 가서 아이의 관심사를 소재로 한 책을 빌려오자.

예상할 수 있는 반복적인 문구 사용하기

아이가 놀이에 금세 흥미를 잃어버리거나 관심을 보이는 분야가 애매하다면 의성어와 의태어를 많이 사용하는 동물 관련 책이나 간결하고 반복적인 문장으로 구성된 책을 함께 읽으며 관심사를 좀 더 확장해보는 방법도 있다. 의성어란 사람, 사물, 혹은 동물 소리(꿀꿀, 음메 등)를 흉내 내는 말이고 의태어는 사람, 사물 혹은 동물의 움직임(반짝반짝, 엉금엉금 등)을 나타내는 표현력이 풍성해지는 말이다.

아이들 책에 동물이 많이 등장하는 이유는 아이들이 쉽고 재미있게 다양한 의성어와 의태어를 따라 하면 책과 자연스럽게 친해지는 기회가 마련되기 때문이다. 아이의 애착 인형이 돼지 인형이어서 《아기 돼지 삼 형제》이야기를 좋아할 것이라고 생각해 관련된 책을 샀다고 가정해보자. 이때 아이가 도통 책 내용에 집중하지 못하는 모습을 보인다면 아이가 관심 보일 만한 장면에서 의성어, 의태어를 사용해보자.

"하나, 둘, 셋, 후!"라고 말하며 늑대가 입김을 불어 집이 날아가는 장면, "똑똑똑!" 하며 겁난 표정을 짓고 문을 빨리 열고 닫는 흉내 등 아이가 또 해달라고 요청할 만한 간단한 문구를 반복해보자. 이처럼 같은 문장이 반복되어 나오는 책을 읽으면 아이 스스로 말하는 '자발어'를 촉진할 수 있다.

아이들이 반복에 끌리는 이유는 다음에 무슨 일이 일어날지 알 수 있고, 자신의 예상대로 흘러갈 때 상황을 통제하고 있다고 느껴 안정감을 느끼기 때문이다. 지겹도록 까꿍 놀이를 해도 까르르 웃는 것도, 매번 같은 책만 읽어달라고 하는 것도 아이들은 익숙할수록 즐겁고 매번 새롭게 느끼기 때문이다.

여러 번 읽은 책의 내용 중 어떤 부분에 매력을 느끼는지 주의 깊게 관찰하고 아이의 관심사를 조금씩 확장해보자. 힘센 늑대에게 관심을 보인다면 늑대가 등장하는 다른 책을 읽어줄 수도 있고, "후후" 하며 입김으로 날아가는 동작을 재미있어 한다면 민들레 씨앗이나 솜사탕을 소재로 한 책으로 확장해보자.

만 5세까지는 한글 읽기보다 책에 대해 긍정적인 마음을 길러주는 것이 중요하다. 책을 펼쳤으면 끝까지 읽어줘야 한다는 부담감은 내려놓고 소통의 도구로 생각하자.

그런 의미에서 글자가 없는 그림책은 말이 느린 아이뿐만 아니라 모든 아이에게 적극 추천하는 책이다. 글이 없어도 내용을 파악할 수 있도록 모든 걸 그림으로 풀어내기 때문에 글이 있는 그림책보다 그림의 표현력이 훨씬 풍부하고 정교하여 대화할 수 있는 주제가 많아진다. 아이가 책에 나오는 인물과 사물을 주의 깊게 살펴보고 관찰하는 경험이 쌓이면 자연스럽게 상상력과 창의력도 자란다.

아이가 글자나 내용보다 그림에 집중한다면 그림책을 시작하는 단계에서 아주 훌륭하다고 볼 수 있다. 그림책의 매력은 글보다 그림 안에 숨어 있기에 그렇다. 고양이가 주인공인 그림책에는 아주 조그만 쥐나 다른 동물이 등장하는데 이야기에 따라서 주인공들의 표정 변화를 읽어줘도 좋고 책장을 넘길 때마다 미세하게 바뀌는 배경 등 아이가 관심 있는 그림으로 이야기를 만들면 좋다.

고양이가 그 책의 주인공이라 해도 아이가 그 옆에 있는 작은 쥐에 관심을 보인다면 쥐를 주인공으로 설정해 이야기를 확장하는 것도 방법이다.

놀기

다양한 책으로 참여를 유도해도 집중을 하지 못하거나 크게 관심을 보이지 않는다면 책과 긍정적인 관계부터 쌓아야 한다. 책과 친해지기 위한 핵심 방법은 '책 놀이' 루틴을 만드는 것이다. '루틴'이란 어떤 목적을 위해 매일 반복하는 행위다. 루틴의 핵심은 '지속'이다. 매일 아침을 먹고 난 뒤에 책 놀이를 한다거나, 낮잠을 자기 전에 책 놀이를 하는 것처럼 책 읽는 시간을 정하고 매번 몇 분 동안 할 것인지, 아이와 부모 모두 실천할 수 있는 범위 안에서 시작해야 그 패턴이 몸에 배어 루틴을 만들 수 있다.

특히 부모가 매일 할 수 있는 범위를 정하는 게 중요하다. 오늘은 컨디션이 좋아서 30분 놀고 그다음 날은 피곤해서 3분 노는 것보다 3분을 놀아도 정해진 시간에 매일 실천하는 것이 루틴을 형성하기에 효율적이다. 컨디션이 좋다고 오늘만 30분을 함께 놀고 그다음 날은 비교적 짧게 논다면 이미 30분 정도의 시간을 기대하고 있는 아이를 만족시키지 못해 불만을 야기할 수 있다.

책은 '지루하고 이해하기 어려운 것'이라는 부정적인 마음을 갖고 있으면 보통 책에 큰 관심을 보이지 않는다. 반면 책을 좋아해도 이야기에 관심은 없고 책장을 넘기느라 바쁜 아이도 있다. 아이마다 다른 양상을 보이지만 이런 아이들은 집중력이 떨어지고 책과 긍정적인 관계를 맺을 기회가 없었다는 공통점이 있다.

집중력을 유지하기 어려운 아이라면 우선 아이가 어느 정도 집중력을 유지할 수 있는지 파악하고 20초든 50초든 아이가 집중할 수 있는 시간 안에 놀이를 끝내야 한다. 주어진 시간이 20초라면 처음에는 "열어, 닫아"라고 언어 촉진을 하며 책을 펼쳤다 닫는 동작을 몇 번 반복한 뒤 책 놀이를 끝내고, 50초가 주어졌다면 책을 주르륵 세워 도미노 놀이를 하고 끝내는 것이다.

놀이 시간은 하루에 몇 초씩 늘려가거나 아이가 더 해달라고 요청한다면 아이의 속도에 맞게 늘리면 된다. 중요한 건 부모의 표정과 목소리에서 풍기는 분위기가 아이의 집중력을 좌우한다는 점이다. 아이의 집중력을 빠르게 향상시키려면 가라앉은 목소리와 생기 없는 표정보단 평소보다 약간 높은 톤으로 억양, 강조, 속도 등을 조절하며 생동감 있는 표정과 목소리를 유지하려고 노력해야 한다.

책으로 흥미를 유발하는 방법은 단순하다. 책을 활용해 창의적으로 놀면 된다. 이 말을 들으면 책으로 창의적 놀이를 한다는 게 자신에게는 멀고 먼 이야기처럼 느껴져서 머릿속이 하얘질 수도 있다. 일반적으로 아이들은 원래 창의성이 뛰어나다고 알려져 있다. 더 정확히 말하면 아이들은 순수하고 '이건 이래야 한다'라는 고정관념을 가지고 있지 않다. 따라서 부모도 일정한 순서로 책을 읽어야 한다고 정의 내리지 않고 책을 장난감이라고 생각할 필요가 있다.

사실 책 놀이는 책을 펼칠 필요 없이 책 표지만으로도 충분히 놀아 줄 수 있다. 책 표지에 기저귀를 찬 아기가 젖병을 들고 앉아 있는 그림이 있다면 그림 속 아기를 '인형'처럼 대하며 우유를 주는 시늉이나 코 재우는 시늉, 기저귀에 응가를 해 갈아주는 시늉 등 인형 놀이를 하듯 놀아 보자. 이때 아직 말이 트이지 않은 아이라면 말을 따라 하도록 시키기보다 "우유 어디 있지?"라고 물어보고, 손가락으로 우유를 가리켜 포인팅을 유도하고, 부모의 행동을 모방할 수 있도록 하면 아이는 높은 참여도를 보일 것이다.

어느 정도 잠여하고 흥미가 떨어지려고 할 때 책에 나오는 대상과 유사한 놀잇감을 추가해 놀이를 통합하고 확장해보자. 예를 들어 그림 속에 커다란 상자가 있다면 "저기 안에는 누가 숨어 있을까?"로 시작해 숨바꼭질 놀이로 확장할 수도 있고, 호랑이가 케이크를 먹고 있다면 생일 축하 노래만 반복적으로 부르며 생일 파티 놀이를 할 수도 있다. 수박이 그려져 있다면 집에 있는 수박 모형 장난감을 제공하여 책장 속에, 머리 위에, 엉덩이 밑에 숨겨 놓고 찾아보는 놀이로 이어나갈 수 있다는 것을 보여줘야 한다.

'책은 읽어야 한다'는 고정관념에서 벗어나 책도 흥미로운 놀이가 될 수 있다는 것을 몸소 느끼게 하고 다양한 방법으로 놀이를 이어나갈 기회를 많이 주어야 아이가 놀이에 주도권을 가지고 적극적으로 놀이에 임할 수 있다.

이런 노력에도 불구하고 아이가 별다른 반응을 보이지 않고 자신만의 방식으로 책과 논다면 아이는 아직 포인팅으로 반응하거나 상대방의 행동을 따라 하는 단계에 있을 수 있다. 이때는 부모가 아이의 행동을 그대로 모방하는 것에서 놀이를 시작하자.

아이가 바닥에 엎드려 책을 돌리고만 있다면 부모는 아이와 마주 보고 똑같이 바닥에 엎드려 "빙글빙글"이라고 말하며 책을 함께 돌리자. 아이가 책을 앞뒤로 뒤집기만 한다면 그 행동 또한 똑같이 모방해주자. 아이는 본능적으로 자기 행동을 모방하는 사람을 쳐다보는데 부모가 자기 행동을 모방하는 모습을 반복적으로 보면서 '아, 다른 사람의 행동을 따라 할 수 있구나'라고 받아들일 것이다.

영유아들에게 놀이는 삶 그 자체이며 배움이다. 놀이 중에서도 자발적으로 자유롭게 이끌어가는 놀이를 할 때 자연스럽게 주도적인 학습을 경험하면서 새로운 것을 깨닫고 배우는 기쁨과 희열을 느낀다. 아이가 주도하는 놀이는 균형 잡힌 발달을 돕는 최적의 학습 동기다. 특히 만 5세 이전 초기 발달 단계의 아이들은 놀이를 통해 가장 효율적으로 언어를 배운다. 따라서 언어 습득 능력을 키워주기 위해 아이가 놀이를 '내 놀이'라고 여기고 진행하는 과정을 반복적으로 경험할 수 있도록 놀이 환경을 의도적으로 만들어주는 것이 좋다.

오래 끓이고 천천히 식는 뚝배기 놀이

아이들은 흥미 있는 놀이 환경에서 능동적으로 놀이를 주도하며 언어 발달을 이룬다고 전문가는 말한다. 하지만 진득하게 앉아 스스로 놀 기미를 보이지 않는 아이를 보면 부모는 무엇을 어떻게 해줘야 할지 몰라 혼란스럽다. 그럴 때 옆집 아이가 특정 어린이집, 문화센터 등을 다녀서 급격하게 말이 늘었다는 이야기를 듣는다면 어떻게 될까. 조급해진 부모는 뭐라도 배우게 하려고 그 기관에 상담 예약을 하지 않을까. 마찬가지로 초기 어휘력을 늘리는 데 필수라는 낱말 카드나 언어 발달에 좋다는 장난감 광고를 본다면 당장에라도 지갑을 열기 쉽다. 그런데 다른 아이가 하는 활동을 따라 해도 별다른 성과가 없다면 간신히 잡고 있는 부모 마음은 무너져 내릴 것이다.

걱정과 불안이 나를 덮친다면 잠시 숨고르기를 하면서 아이에게 몇 번의 놀이 경험을 제공했는지, 스스로 놀 수 있게 얼마나 인내하며 기다려 줬는지 되짚어보자. 그리고 무너졌던 마음을 다 잡고 아이가 흥미가 생기고 자연스럽게 언어 자극을 받아들일 수 있을 때까지 다시 한 번 놀이를 해보자.

나는 이 놀이를 '뚝배기 놀이'라고 부른다. 뚝배기 놀이는 아이 안에 있는 열정을 불태워 동기를 부여하고 흥미를 오래 유지시키는 걸 의미한다. 모든 아이는 각자 다른 동기와 열정을 지닌 채 태어난다. 그 열정을 자신에게 쏟을 수 있도록 돕는 건 부모의 역할이다. 말은 쉽지만 이렇게 하기까지는 끊임없는 인내와 기다림이 뒷받침되어야 한다. 뚝배기가 미지근하기만 할 뿐 빨리 끓지 않아 답답하더라도 곧 뜨거워질 거라 생각하며 마음 편히 기다리자. 부모는 믿음 어린 기다림으로 아이를 지지해줘야 한다는 걸 잊지 말자.

아이들은 일상의 모든 것에서 주도권을 쥐고, 부모가 자신의 행동에 관심을 가지고 반응해줄 때 인정받고 지지받는 사람이란 걸 깨닫는다. 아이의 모습이 답답하더라도 자꾸 개입하거나 부모의 뜻대로 해결하려 하지 말자.

아이 놀이에 개입하지 않는 방법

본의 아니게 잔소리를 한다면 아이의 행동을 중계방송하듯이 부드럽게 이야기하는 방법을 써보자. 스포츠 방송에서 중계자는 시청자에게 경기장에서 벌어지는 모든 일을 생동감 넘치는 언어로 풀어 전달한다. 사건 현장에 나가 있는 리포터나 아나운서도 상황을 말로 전달한다. 그 과정에 질문은 없다.

마찬가지로 아이에게 "그건 뭐지?", "이게 뭐야?", "저건 뭐라 그랬지? 뚜껑 해봐"라며 가르쳐준 것을 제대로 알고 있는지 확인하려는 질문은 하지 말자. 그것은 놀이를 방해하는 요소여서 아이는 귀 기울여 듣지 못한다. 아이는 빨리 비눗방울 놀이를 하고 싶은데 엄마는 '뚜껑'이라는 단어를 집중해서 알려주려고 한다면 아이의 관심사와 동일하지 않은 언어 자극이라 효과적이지 않다. 질문 대신 아이가 하는 행동을 말로 풀어주면 아이는 '엄마도 내 놀이에 관심이 있구나'라고 느낄 것이다.

그렇다고 온종일 중계방송을 해야 하는 것은 아니다. 그건 불가능에 가까울 뿐더러 오래 지속할 수 없으므로 권장하지 않는다. 부모가 많은 열정을 아이에게 쏟는다 하더라도 욕심이나 조급함이 생기는 순간, 그 열정은 식는다. 금방 타오르고 금방 식는 양은냄비 같은 놀이보다 앞에서 설명한 뚝배기 놀이를 루틴화하자.

하루 10~15분 시간을 정해 아이의 놀이를 말로 표현해 준다면 아이는 놀이에 쉽게 흥미를 잃어버리지 않고, 스스로 더 해보고 싶은 내적 동기가 생길 것이다.

풍부한 언어 환경에 오랜 시간 동안 머물면 탄탄한 언어 발달의 기초를 형성할 수 있다. 시간이 좀 더 걸려도 불만 꺼지지 않으면 뚝배기는 곧 뜨겁게 된다는 걸 꼭 기억하자.

아이 시선에 맞춘 단순한 설명하기

아이는 자신의 욕구를 부모가 말로 표현해주는 경험을 통해 언어를 습득한다. 아이가 비눗방울을 불고 있다면 "우와! 큰 비눗방울이네!", "펑! 비눗방울이 터졌네!", "어머, 비눗방울이 하늘로 날아갔네!"와 같이 그 상황에 알맞은 말로 반걸음 뒤에서 뒤따라가야 한다. 아이가 비눗방울을 몇 번 불고 다른 곳에 관심을 둔다면 중계를 멈추고 아이의 시선이 머문 곳에서 다시 중계방송을 시작해보자. 1가지 활동에 머물기 원하는 마음에 "우와 여기 봐!

엄마가 신기한 거 보여줄까? 엄마가 이렇게 하면 더 많은 비눗방울이 생기는데 엄마 앞으로 와!"라는 식으로 말해도 아이의 떠난 관심을 다시 끌기는 어렵다. 1가지 활동에 머물러야 한다는 생각을 내려놓고 아이의 시선이 머무는 곳에 집중하여 간결하고 명확하게 중계하는 습관을 기르자.

공원에서 비눗방울을 불면 아이의 시선이 나무 위에 앉아 있는 새나 줄넘기를 하는 남자 아이에게 갈 수 있다. 이럴 때 "어? 저기 새가 있네"보다 "나무 위에 새가 앉아 있네" 혹은 "열심히 운동하네"보다 "와, 형이 줄넘기하네"와 같이 명확한 명칭을 사용해 언어를 단순하게 만들어야 한다.

이거, 저거, 여기, 저기 등 불명확한 지시대명사보다 눈앞에 보이는 장면을 '감탄사, 의성어, 의태어', '명사', '동사', 이 3가지가 모두 포함된 문장으로 반복해서 들었을 때 더 빨리 언어를 습득할 수 있다.

말이 느린 아이 중 일부는 사과, 우유, 신발, 자동차 등 손으로 만지고 눈으로 볼 수 있는 명사를 많이 알고 있어도 표현력이 제한된 경우가 많다. 이럴 땐 '아름답다', '시원하다'와 같은 형용사와 '마시다', '당기다'와 같은 동사를 자주 사용하여 풍부한 표현력을 기를 수 있도록 도와줘야 한다.

KNOWHOW

언어 발달을 자극하는
3가지 장난감

그럼 어떤 장난감을 사야 재미있게 놀 수 있고, 언어 발달에도 도움을 줄 수 있을까? 나는 장난감을 추천해 달라고 해도 어떤 장난감이 좋은지 말하지 않는다. 특정 발달에 좋다고 해서 사더라도 아이가 관심을 보이지 않을 수도 있고, 어떻게 놀아줘야 하는지 몰라 또 다른 장난감을 사 주는 경우가 많기 때문이다.

놀이가 주는 유익함을 내 것으로 만들려면 어떤 장난감을 사야 하는지 고민하지 말고 놀이를 구성하는 환경에 신경을 써야 한다. 집에 충분한 장난감이 있다는 가정하에 또 다른 교구를 더 사들일 필요는 없다. 아이들은 장난감보다 차 키, 주걱, 냄비, 빗, 택배 상자나 뽁뽁이(비닐 포장) 등의 용품을 좋아한다. 이는 아이가 가지고 놀 수 있는 최고의 놀잇감이자 장난감이 될 수 있다.

언어치료사가
장난감 고르는 기준

　장난감을 살 때 최대한 단순한 것을 선택한다. 버튼을 누르면 고개를 흔들고 인사하는 인형, 버튼을 누르면 걸어가는 강아지 장난감 등 이미 만들어진 고유한 기능이 있거나 1~2가지 기능만 있는 장난감은 금세 질릴 수 있다.

　빈 상자, 빈 통, 레고 같은 장난감은 아이의 현재 관심사에 따라 다양한 놀이를 연출 할 수 있어 오래 가지고 놀아도 쉽게 질리지 않는다. 아이가 자동차에 관심 있으면 상자는 자동차가 될 수 있고, 공주 놀이를 좋아한다면 상자는 공주님 침대나 식탁이 될 수도 있다.

　이처럼 종이컵, 휴지, 냄비, 수건, 택배 상자 등 생활용품으로 그때그때 새로운 놀잇감을 만들어 노는 것을 추천한다. 종이컵을 쌓은 후 몸으로 무너뜨리기, 냄비 안에 숨겨 놓은 곰 인형 찾기, 수건으로 하는 까꿍 놀이, 택배 상자 안에 아이를 태우고 돌아다니는 버스 놀이 등 다양한 방법으로 놀면 자연스러운 상호작용뿐만 아니라 문제 해결 능력, 사고력 및 인지 능력을 키울 수 있다.

평범한 놀이를 특별한 놀이로
바꾸는 3가지 아이템

　　진료실에 있는 장난감 수납장은 작은 책장 크기다. 진료실에는 부모와 아이가 함께 가지고 놀 수 있는 가볍고, 저렴하고, 부피가 크지 않은 장난감이 들어 있다.

　　적은 장난감으로 아이들의 흥미를 유발하고 놀이에 참여하게 만드는 건 어려워 보이지만 사실 그렇지 않다. 핵심은 나를 바라보게 하고, 놀이를 하고 싶게 만드는 것이다. 이 몇 안 되는 장난감으로 정말 재미있게 놀 수 있는 방법이 있다. '목소리'와 '표정'을 바꾸면 된다.

　　진료실에는 비눗방울, 풍선, 택배 상자, 이 3가지 아이템이 꼭 있다. 이것들을 가지고 노는 방법은 간단하다. 그전에 알아둬야 할 게 있다. 언어 자극을 줄 땐 한 번에 너무 많은 자극을 주는 것보다 몇 가지 핵심 단어나 문구를 고르고 그 단어만 지속해서 사용하는 것이 훨씬 더 효과적이다. 예를 들어 찾기 놀이를 할 땐 "○○ 찾았다", "○○ 어디 있지?"만 반복해서 사용하는 것이다. 여기에 나온 놀이 방법을 내 것으로 만들어서 아이들과 함께 즐거운 시간을 가져보자.

비눗방울

비눗방울을 안 좋아하는 아이를 찾기 힘들 정도로 아이들은 비눗방울을 참 좋아한다. 어떤 활동이든 비눗방울을 추가하면 재미는 2배, 참여도는 3배가 된다. 비눗방울로 언어를 촉진하는 다양한 방법을 소개한다.

① 공동 주의력과 눈맞춤 유도하기
- 뚜껑을 열기 직전 아이의 눈을 바라보며 잠시 멈춘 후 기대에 가득 찬 표정을 짓는다.
- 아이를 마주 보고 비눗방울을 천천히 불어 기대감을 쌓는다.
- 다시 비눗방울을 불기 전 아이가 눈을 마주칠 때까지 기다린다.
- 막대 위에 비눗방울을 하나 얹어 부모 얼굴 앞에 가까이 대고 아이가 터트릴 수 있도록 유도한다.

② 가리키기(포인팅)
- 손가락으로 날아가는 비눗방울을 가리키거나 비눗방울을 터뜨려서 쳐다보게 한다.
  일반적으로 생후 12개월 전후의 아이들은 가리키는 행동을 통해 타인과 관심을 공유하고 의사소통의 의지를 보인다. 사회적 의사소통 능력의 가장 기초가 되는 이 행동은 자신이 가리키는 것으로 주변 사람들의 관심을 끌고, 타인의 반응에 영향을 주려고 시도하는 것이다.

③ 차례 지키기

- 엄마와 아이가 한 번씩 번갈아가며 비눗방울을 분다.
- 내 차례가 아닐 땐 비눗방울 터뜨리면서 상호작용의 기초인 '주고받기'를 한다.

④ 신체 부위 알려주기

- 비눗방울을 특정 신체 부위에 올리고 해당하는 신체 이름을 알려준다("손에 비눗방울이 앉았네!", "머리에 비눗방울이 있네!").

⑤ 지시 따르기

- 놀이 중 간단한 지시를 내린다.
- 1단계 지시: "주세요", "뚜껑 닫아", "뚜껑 열어"
- 2단계 지시: "비눗방울 불고 주세요", "비눗방울 불고 잡아봐"

⑥ 질문하기

- 뚜껑을 닫은 상태에서 비눗방울을 아이에게 건네주고 열어달라고 요청할 때까지 기다린다.
- 다양한 유형의 질문을 한다("어디로 날아갔지?", "한번 더 불어볼까?", "누가 불어볼까?").

⑦ 핵심 어휘 사용하기

- 크다(큰 비눗방울), 작다(작은 비눗방울), 보다("저기 봐!"), 위/아래(머리 위에, 나무 아래), 다시/또("또 불어줘"), 불다, 도와줘, 터뜨리다 등을 사용한다.

풍선

풍선 놀이는 매우 다양한 언어 발달 기술을 촉진할 수 있는 활동이다. 특히 에너지가 많은 아이에게 날아가는 풍선 잡기 놀이는 두말할 것 없이 좋다.

① 참여도와 주의 집중력 촉진하기

- 풍선을 한 번에 크게 불지 않고, 한 번 불고 풍선을 손으로 잡은 채 잠시 기다린다.
기대감 쌓기, 더 불어달라고 요청할 수 있는 기회를 제공하는 것이 목적이다.

② 크기 개념 알려주기

- 풍선을 크고 작은 다양한 크기로 불어 아이 앞에 나열하여 "큰 풍선 어디 있지?"라고 하며 큰 풍선을 가리킬 수 있도록 유도한다.
- 풍선을 분 뒤 묶지 않고 휘리릭 놓아버린다.

③ 색깔 알려주기

- 풍선을 불지 않은 채 아이 앞에 풍선을 펼쳐 놓고 색깔 찾기 놀이를 한다("노란색 풍선이 어디 있지?").
- 아이가 해당 색깔의 풍선을 찾으면 풍선을 불고 놓아버린다(즉각 보상).

④ 질문하기

- "풍선이 어디 갔지?", "이번엔 앉아서 불어볼까?", "얼마나 크게 불어볼까?" 등 풍선을 가지고 다양한 질문을 한다.

⑤ 핵심 어휘 사용하기

- 불다, 다시/또, 어디, 위/아래, 잡다, 놓다 등을 사용한다.

택배 상자

상자로 언어 촉진할 수 있는 법은 무궁무진하다. 일반적으로 아이들은 숨바꼭질, 보물찾기와 같은 숨고 찾는 놀이에 재미를 느끼고, 무언가를 반복해서 넣고 빼고, 열고 닫는 놀이에 흥미를 느낀다.

이 놀이로 언어 발달에 매우 중요한 위치를 나타내는 '전치사'를 쉽고 재미있게 가르칠 수 있다. 전치사를 이해하면 지시를 따르고, 질문에 답하고, 문장을 만들고, 정교한 언어를 구사하는

데 큰 도움이 된다. 이러한 놀이를 간단하게 제공할 수 있는 도구가 상자다. 신발 상자, 큰 상자, 작은 상자, 어떤 상자든 상관없이 집에 있는 상자로 언어 촉진하는 법을 알아보자.

① 참여 유도하기

- 상자 안에 무엇이 들어 있나 궁금증을 유발하기 위해 상자 안을 엿보는 듯한 표정과 함께 상자를 빨리 열었다 닫으며 놀란 표정을 짓는다.
- 상자에 다양한 물건을 넣으며 사물의 이름을 불러준다(바나나 장난감을 넣으면서 "바나나 쏙"이라고 말하기).
- 사물을 넣고 꺼내면서 간단한 문장을 반복한다("넣어", "꺼내", "찾았다", "나왔다", "토끼 안녕?").
- 의성어/의태어를 사용하여 소리 모방을 유도한다(농장 동물을 상자 안에 넣고 꺼내기 전에 "음메"라고 하면서 어떤 동물이 나올지 궁금하다는 표정 짓기).

② 행동 모방 유도하기

- 상자 안을 보이지 않게 닫고 매번 상자를 열기 전에 "똑똑똑" 말하며 노크하는 시늉을 한다. 몇 번 반복한 후 '문을 두드려야 동물 친구들이 나온다'라는 걸 아이가 예측할 수 있을 때까지 잠시 기다리면서 행동 모방을 유도한다.

③ 질문하기

- '무엇', '어디', '누구'를 사용해 질문한다("으악! 이게 뭐야?", "트럭이 어디로 갔지?", "어머, 이게 누구야!").

④ 단서 제공하여 맞추기

- 번갈아가며 한 사람이 상자 안에 있는 사물을 보고 다른 사람이 추측해서 맞출 수 있게 설명하는 게임을 한다("이건 원숭이가 가장 좋아하는 음식이야").
- 아이가 설명하길 어려워하면 스무고개처럼 다양한 질문으로 유도한다("동물이야? 음식이야?", "어디에서 찾을 수 있어?").
단서 제공은 문제 해결 능력, 추리력과 같은 기초 인지 능력과 어휘력을 키울 수 있는 재미있는 게임이다.

⑤ 핵심 어휘 사용하기(위치를 나타내는 전치사)

- 위, 아래, 안, 밖, 옆, 사이, 뒤, 앞 등 다양한 위치에 사물을 숨긴 후 위치를 나타내는 전치사를 알려준다("찾았다! 박스 뒤에 있었네", "이번엔 박스 밑에 둘까?").

한시도 가만히 있지 못하는
큰 컵 아이 집중시키는 방법

"치료 센터에서 했던 것들을 집에서 해봤는데 아이가 말을 잘 안 들어서 힘들어요. 어떻게 해야 하나요?" 치료 센터에서 아이가 반응을 잘했던 장난감으로 집에서 놀아주려는데 아이가 반응을 잘 하지 않아 당황하는 경우가 많다.

이런 고민을 하는 부모의 가장 큰 특징은 선생님처럼 똑같이 해보려 한다는 점이다. 아이는 평상시 알고 있던 편안한 엄마가 아닌 낯선 모습에 불편해할 수도 있고, 항상 놀던 대로 엄마와 노는 걸 바랬지만 엄마가 자꾸 무언가를 가르치려 하니 빨리 흥미를 잃는 경우도 많다.

다양한 언어 치료법을 집에서도 쓰고 싶다면, 먹고, 자고, 싸고, 씻는 일과를 통해 소통하고 싶은 마음을 끌어내야 한다. 언어 치료의 궁극적인 목표도 일상에서 의사소통을 잘할 수 있도록 돕는 것이다.

평소 아이를 유심히 관찰하여 아이가 보내는 신호에 반응을 해주자. 그러면 아이는 부모가 자기의 말을 경청하고 있음을 알고 신뢰를 쌓을 것이다. 이 신뢰를 바탕으로 아이는 일상뿐만 아니라 놀이나 다른 일에서도 자연스럽게 부모와 소통하려 하고, 부모 또한 아이의 눈높이에 맞춰 소통할 기회를 찾게 될 것이다.

서로 간의 소통이 익숙해질 때 부모는 치료 센터에서 해오던 놀이 방식 외에 다른 놀이 방식을 도입하여 아이의 언어 능력을 성장시킬 수 있다. 한두 번 해보고 화를 내며 끝내지 말고 인내심을 가지고 꾸준히 소통할 의지를 갖길 바란다.

활발한 신체 활동으로 에너지를 소모하는 감각 전략

"저만 육아가 이렇게 힘든가요? 언제 어디서 터질지 모르는 아이의 문제 행동 때문에 하루하루가 버거워요", "말로 표현할 줄 아는 아이인데 감정 조절이 어렵고 소통이 잘 안되는 느낌을 받아요", "아이가 제발 1초만이라도 가만히 있었으면 좋겠어요" 이런 고민을 하는 부모가 가장 많이 하는 표현은 '똑바로'다. "똑바로 앉아", "똑바로 먹어", "똑바로 걸어", "똑바로 하랬지!" 매번 소리를 꽥 지르게 만드는 아이는 큰 컵 아이일 수 있다.

높은 감각 반응 역치를 가진 큰 컵 아이는 외부에서 들어오는 감각 정보를 필터링하지 않은 채 몽땅 받아들이기 때문에 필요한 정보와 불필요한 정보를 구분하는 선택과 집중이 굉장히 어렵다. 그래서 큰 컵 아이들은 대체로 주의 집중력이 떨어지고 산만한 모습을 보인다.

큰 컵 아이는 말 그대로 컵이 평균보다 커서 일상에서 받는 자극만으로 컵을 채울 수 없기 때문에 부모는 아이에게 부족한 양의 물을 채워줘야 한다.

땅에 발이 닿을 틈도 없이 돌아다니고, 떼쓰고, 밀고, 부수고, 우느라 대화조차 어렵고, 이해할 수 없는 충동적인 행동을 많이 한다면 움직임에 대한 욕구를 충족시켜 줘야 한다. 그러면 아이는 자연스럽게 진정될 것이다. 이게 바로 큰 컵 아이의 물을 채워주는 가장 효과적인 감각 전략이다.

'감각 전략'이란 아이가 일상에서 주어진 과제를 큰 어려움 없이 수행할 수 있도록 도와주는 방법이다. 아이의 감각 컵 크기에 따라 감각을 깨우거나 감각을 진정시켜서 놀이 참여를 유도하고 상호작용을 이끌 수 있는 기회를 줘야 한다.

일반적인 감각 전략 활동은 크게 '감각을 깨우는 활동 Vestibular input: 전정 감각'과 '감각을 진정시키는 활동 Proprioceptive input: 고유 수용성 감각', 2가지로 나뉜다. 달리기, 구르기, 점프하기, 그네 타기, 빙글

빙글 돌기와 같은 스릴 있고 격렬한 큰 움직임은 감각을 깨우는 경향이 있는 반면, 천천히 앞뒤로 몸 흔들기, 느리게 앞뒤로 흔들리는 그네 타기, 근육과 관절에 깊은 압박을 주는 마사지 등은 감각을 진정시키는 경향이 있다.

산만한 아이들뿐만 아니라 무기력한 아이, 안절부절못하는 아이, 감각이 예민한 아이의 치료 참여도를 높이는 가장 효과적인 전략도 움직임으로 감각 욕구를 채워주는 것이다. 그중에서도 감각을 진정시키고 끌어올릴 수 있는 가장 강력한 움직임은 빙글빙글 도는 '회전 자극'이다. 산만한 아이에게 회전 자극과 같은 강력한 움직임을 먼저 제공해야 아이의 큰 컵이 채워져 진정시킬 수 있다는 말이다.

회전할 때는 천천히 시작하여 양방향으로, 동일한 시간에 돌 수 있게 지도해줘야 한다. 예를 들어 오른쪽으로 10번 돌았다면 동일하게 왼쪽도 10번 돌아야 한다. 연구에 의하면 하루 15~20분 정도의 강력한 움직임은 향후 12시간 동안 아이에게 영향을 줄 수 있다고 한다.

아이의 상태에 알맞게 다양한 움직임을 제공한 후 반드시 진정시키는 감각 활동으로 마무리를 해줘야 집중력을 끌어올리고 행동을 개선할 수 있다.

여기서 꼭 기억해야 할 점은 감각 자극을 줄 때는 아주 명확한 시작과 끝이 있는 루틴을 만들어 전략적으로 사용해야 한다는 것이다. 움직임이 얼마큼 주어졌을 때 아이의 컵이 다 채워지는지 파악하고 컵이 충족되었을 때 진정시키는 활동을 해야 한다.

감각을 깨운 직후 실행하는
해비 워크

아이마다 필요한 자극의 양이 다르지만 일반적으로 뱅뱅 돌기, 벽에 몸을 던지며 세게 부딪치기, 높은 곳에서 뛰어내리기 등 눈에 띄는 행동을 보일 때는 부족한 자극을 얻으려는 감각 추구 신호라고 보면 된다. 움직임에 대한 욕구가 충족되어 산만한 모습이 줄어들고 '지금 여기'에 함께한다는 느낌이 들면 자극을 진정시키는 '무거운 활동'을 시작하면 된다.

뇌를 안정시키고 감각을 진정시킬 수 있는 활동을 '해비 워크 Heavy work'라고 부르는데 근육과 관절에 깊은 압력을 제공하는 무거운 활동을 의미한다. 무거운 활동은 신체 인식과 위치를 알려주는 고유 수용성 감각 활동이다. 이러한 활동은 감각을 깨운 직후에 해야 효과적이다. 특히 아이가 분노를 조절하지 못하고 통제가 되지 않는 상황으로 가기 전후에 하면 효과적이다.

해비 워크 예시로는 집안일 돕기(무거운 짐 옮기기, 장바구니 들기, 쓰레기 버리기), 강한 압력의 전신 마사지 받기, 아이를 바닥에 눕힌 후 베개로 조심히 압박감을 주며 몸을 꾹꾹 눌러주기, 김밥처럼 이불에 몸을 돌돌 말아 관절에 깊은 압박 주기, 자신의 몸을 사용해 무게를 견뎌야 하는 네 발로 걷기, 몸을 사용하여 밀고 당기기 등이 있다. 이러한 활동을 학습 전에 하면 효율성을 높일 수 있고 잠자기 전에 하면 자연스럽게 몸이 진정되어 편히 잠들 수 있다.

이외에 아이가 좋아하는 움직임 위주로 재미있는 게임을 만들어 활용하면 끝내기 힘든 과제를 수행해야 할 때 효과적이고, 자연스러운 상호작용도 이끌어낼 수 있다. 한자리에서 한 번에 옷 입는 게 어려운 아이라면 벨 하나를 방구석에 두고 속옷을 입고 뛰어가서 벨을 누르고 오고, 바지를 입고 또 뛰어가서 벨을 누르고 오는 놀이를 해도 좋고, 집 안 곳곳에 숨겨진 옷을 정해진 시간 안에 찾아오는 놀이를 해봐도 좋다.

장애물 코스 놀이는 감각을 깨우고, 진정시키기를 한 번에 제공하는 활동으로 나이에 상관없이 모든 아이가 재미있어 한다. 장애물 코스는 자신의 신체를 안전하게 조정하는 신체 인식과 안전 의식, 지정된 순서대로 놀이 루틴 따르기, 장애물을 통과하기 위한 문제 해결 능력, 순서 기다리며 서로 돕는 협동력, 대근육과 소근육 등을 쓰는 운동 계획, 의사소통 기술 및 비판적 사고 기술을 키워줄 수 있는 최고의 놀이다. 의자 2~3개를 붙여 터널을 만들어 통과하기, 바닥에 테이프를 붙여 선을 만들고 그 위를 걷기,

베개와 쿠션으로 징검다리를 만들고 그 위를 걸어보자.

집에 있는 모든 물건을 모두 모아 코스의 시작과 끝에 퍼즐 맞추기, 통 안에 구슬 넣기, 그림 그리기 등 통합할 과제를 추가해 보자. 퍼즐 조각들을 시작점에 놓고 퍼즐 판을 마지막 코스에 배치한 후 퍼즐 조각을 하나씩 들고 퍼즐을 다 맞출 때까지 장애물을 통과하는 놀이도 추천한다. 만약 아이 스스로 장애물을 통과하지 못한다면 부모의 손을 잡거나 한 손으로 벽을 잡으면서 난이도를 조절할 수 있다.

장애물이 너무 쉽다면 눈 감고 수행하기, 제한된 시간 안에 통과하기처럼 아이의 수준에 맞게 도전적인 코스를 만들어주면 된다. 두 발로 건너뛰기, 꽃게처럼 옆으로 걷기, 이불 그네 타기, 코끼리 코를 하고 5회 회전하기, 네발로 기어 터널 통과하기 등 다양한 움직임을 통합한 활동을 해보자.

활동을 끝내기 전 마지막 10분 정도는 차분한 분위기를 만들어 느린 움직임을 유도해야 한다. 생일 초를 끄는 흉내를 내며 심호흡을 하고, 조심히 관절을 누르며 마사지를 해주는 전략으로 마무리하는 것이 좋다.

이런 활동을 하기에 적합한 상황이 아니거나 시간이 부족하다면 '신호등 기법'도 활용할 수 있다. 신호등 기법은 한시도 가만히 있지 못하고 행동이 먼저 나가는 아이에게 효과적이다. 말이 끝나기도 전에 이미 다른 곳에 가 있는 아이라면 자세를 낮춰 아이의 눈을 바라보고 "멈춰"라고 말하자. 아이가 행동을 멈춘 즉시 "손 잡고 걷는 거야"라며 해야 할 것을 짧게 말해준다. 그다음 "이제 가자"라는 신호와 함께 행동으로 옮기면 말을 듣고 수행하는 능력을 키워줄 수 있다. 아이가 잠깐 멈췄을 때, 부모의 눈을 바라봤을 때, 말이 끝난 후 지시 사항을 행동했을 때 칭찬해주는 것도 잊지 말자.

안절부절못하는
작은 컵 아이 도와주는 방법

 어느 날 저녁에 겨우 씻기고 새 옷으로 갈아입혀 놨는데 아이가 먹던 주스를 옷에 쏟았다면 어떻게 반응할 것인가? 소리를 빽 지르며 "이거 봐, 엄마가 뭐라고 그랬어! 씻기 전에 먹으라고 했지! 빨리 옷 벗어!"라며 큰 반응을 한다면 감각에 민감한 작은 컵(낮은 반응 역치) 부모일 가능성이 높다. 반면 "아이고, 주스를 다 쏟아버렸네. 일단 수건으로 닦고 옷 갈아입자"라고 침착하게 반응한다면 감각에 둔한 큰 컵(높은 반응 역치) 부모일 가능성이 높다.

 같은 사건임에도 정반대로 반응하는 건 양육 태도가 다르기 때문이다. 양육 태도가 다른 데는 자라온 환경, 가치관 등 여러 이유가 있지만 그중 하나는 감각 반응 역치 수준이 다르기 때문이다. 감각 반응 역치 수준이 다른 양육자가 한 집에 같이 산다면 내가 중요하게 생각하는 것을 상대방은 그다지 중요하다고 느끼지 않을 수도 있고, 내가 반응하는 방식대로 상대방이 똑같이 반응하지 않아서 서로를 이해하지 못하고 말이 안 통한다고 느낄 수도 있다.

아이와의 관계도 마찬가지다. 부모에게는 대수롭지 않게 넘어갈 수 있는 상황인데 안절부절못하고 울먹이고 있는 아이를 보면 별것도 아닌 일로 우냐면서 꾸짖거나 예민하게 반응하게 된다. 이런 일이 일어나지 않게 하려면 아이의 몸이 왜 이런 반응을 보이는지 알고 깊이 공감해야 한다.

내면의 힘을 길러
잠자는 언어 잠재력 깨우기

일반적으로 '작은 컵' 아이들은 작은 감각 자극도 크게 받아들이기 때문에 긴장감과 불안감이 굉장히 높다. 그래서 자전거를 타다 넘어져도 다른 사람보다 훨씬 더 강한 수준의 통증을 경험하고, 물이 조금만 뜨거워도 견딜 수 없을 만큼 뜨겁다고 느껴 목욕을 싫어한다.

일상적인 감각 자극이 크게 느껴진다는 건 마치 끝이 보이지 않는 터널 속에 갇혀 긴장과 불안감을 끊임없이 경험해야 하는 것과 같다. 그러기에 작은 컵 아이들은 마주하는 상황마다 맞

서 싸워야 하는 건지 도망쳐야 하는 건지 판단하는 'Fight or Flight
싸우거나 장애물을 뛰어넘는 일' 상태에 있기 때문에 자신을 보호하는 생존
반응을 보인다.

　이 생존 반응이란 조금만 불안해도 떼를 쓰며 자신만의 방식대로 상황을 통제하려 하고, 조금만 불편해도 날카롭게 반응하거나 상황을 회피하려는 모습이다. 작은 컵 아이들은 다른 아이들에 비해 잠재력이 실현될 기회가 절대적으로 제한되어 있다. 이런 아이는 불안을 감소시키고 활동에 전반적으로 참여하면서 상호작용을 개선해야 언어의 다양한 측면을 경험할 수 있으며 최종 목적지인 언어 습득도 가능해진다.

　작은 컵 아이가 불안을 다스리기 위해서는 내면의 힘이 필요하다. 우선 항상 긴장되어 있는 몸을 풀어주면서 '지금 이 순간'을 충분히 느끼고 몰입할 수 있는 능력을 키워줘야 한다. 긴장된 몸을 풀어주기 위해서는 손을 조물조물 움직일 수 있는 모래 만지기, 찰흙 만지기와 같은 촉각을 자극하는 것이 좋다.

　우리 몸에서 가장 감각이 많이 발달된 부위는 손이다. 실제로 손에는 다른 신체 기관보다 감각 정보를 전달하는 신경 세포가 훨씬 더 많다. 손을 자극하는 놀이는 불안감을 감소시키고, 뇌를 활성화해 주의 집중력을 높이일 수 있다. 쌀, 콩, 마른 모래와 같은 마른 촉감 놀이는 진정 효과가 있는 반면, 미역, 진흙, 밀가루 반죽과 같은 젖은 촉감 놀이는 잠들어 있는 뇌를 깨우는 데 효

과적이다. 아이가 좋아하는 촉감 놀이를 하면서 모래의 느낌, 모래 만질 때의 기분, 부모와 같이 촉감 놀이를 할 때의 기분 등을 공유하고, 그 순간을 집중하고 즐길 수 있도록 해주자.

불안을 줄이는
비언어적 소통 창구 마련하기

나 또한 다른 사람들보다 모든 걸 크게 느끼고, 느끼는 대로 반응하는 작은 컵의 소유자다. 시각적 반응 역치가 낮아 장난감이 여기저기 어질러져 있을 때 예민해지고, 청각적 역치가 낮아 아이의 울음소리에 날카롭게 반응한다. 후각 역치도 낮아서 진한 향수를 뿌린 사람과 같이 잠깐 엘리베이터를 타도 몇 시간 동안 속이 울렁거리고 두통에 시달린다.

내가 예민한 기질을 가지고 있다는 것을 어느 정도 알고 있었지만 아이들을 키우면서 확연히 알게 되었다. 그러나 지난 세월 다각도에서 예민함을 조절하고 상황에 알맞은 대처법을 배웠기에 다행히 나만의 안정감을 찾을 수 있었다.

반대로 만 5세 이전 아이들은 불편한 감정을 느낄 때 어떻게 표현하고 어떤 방식으로 풀어나가야 하는지 모른다. 그래서 느낀 그대로 불안을 불평과 불만으로 표출한다.

말이 느린 아이의 불안을 줄이기 위해서는 감정을 소통할 수 있는 비언어적 소통 창구를 마련해줘야 한다. 기쁘다, 즐겁다, 슬프다, 불안하다, 속상하다, 짜증이 난다, 아쉽다, 억울하다 등 다양한 감정을 표현하는 얼굴 그림을 눈에 잘 보이는 곳에 붙여 놓고, 아이가 자신의 감정을 자연스럽게 인지하고 이해하도록 해보자. 소통 창구로 사용할 그림은 인터넷에서 찾아 인쇄해도 좋고, 아이와 함께 직접 다양한 표정을 짓고 사진을 찍어서 걸어둬도 좋다.

부모는 아이와 함께 만든 소통 창구를 보며 간단하게 감정을 설명해준 후 부모가 직접 소통 창구를 사용하는 모습을 반복적으로 보여줘야 한다. 예를 들어 아이가 좋아하는 떡볶이를 먹을 때 즐거운 표정을 가리키며 "엄마는 맛있는 걸 먹을 때 즐거워", 속상한 표정을 가리키며 "엄마가 제일 좋아하는 컵이 깨져서 속상해"와 같이 일상에서 자연스럽게 소통 창구 사용법을 습득할 수 있도록 도와주는 것이다.

그다음 감정을 제대로 말로 표현하기 어려운 아이 입장에서 아이가 느끼리라 예상되는 마음을 그대로 말로 표현해주자. 화난 표정을 가리키며 "계란프라이 노른자를 네가 터뜨려서 밥에 비벼 먹고 싶었는데 노른자가 깨져서 화가 났구나", 속상한 표정을 가리키며 "네가 좋아하는 부들부들한 옷을 입고 나가고 싶었는데 아직 다 마르지 않아 못 입어서 속상하겠네"라며 아이의 마음을 읽어주는 것이다.

비언어적 소통 창구의 주목적은 '나쁜 감정'이란 없다는 것, 어떠한 감정을 느껴도 괜찮다는 것을 알려주면서 솔직하게 감정을 표현하고 스스로 감정을 가라앉힐 수 있도록 안전한 환경을 만들어주는 것이다. 이러한 과정을 통해 아이는 상황을 객관적으로 볼 수 있고, 침착한 상태로 문제를 해결하는 문제 해결 능력 또한 생길 수 있다.

작은 성공과 루틴으로 안정감 만들어주기

불안이 높은 작은 컵 아이들은 상황을 극단적으로 해석할 수도 있다. 예를 들어 햄버거를 먹고 심하게 체한 경험이 있다면 앞으로는 햄버거를 절대 먹지 않을 거라고 마음먹거나, 미끄럼틀을 탔을 때 머리에 정전기가 나 기분이 나빴다면 그다음 놀이터에 갔을 땐 미끄럼틀을 안 타려고 하는 모습을 보인다.

이렇게 극단적으로 상황을 해석하고 결론짓는 아이들은 그렇지 않은 아이들보다 제한된 경험 속에서 자라고, 스스로 무언가를 해낸 경험보다 시도조차 하지 못하고 그만둔 적이 더 많을 것이다. 그래서 작은 컵 아이에게 꼭 필요한 건 작은 성공을 맛보고 성취를 쌓아갈 수 있는 경험이다.

작은 성공을 맛본 아이는 다른 성공도 맛보기 위해 전보다 적극적으로 무언가에 도전하려는 마음을 가진다. 이때 부모는 아이가 힘들어하는 상황을 미리 파악하고, 그 상황들 중에서 쉽게 해낼 수 있는 것들을 골라 아이에게 제시해보자. 그러면 아이는 성취의 경험을 얻고 자신감을 쌓을 수 있다. 그 후 아이가 유독 힘들어하는 상황을 제시해 성취할 수 있게 유도하자. 이것은 아이가 경험해야 할 목표를 난이도별로 쪼개서 하나씩 단계적으로 성취할 수 있도록 돕고, 도전할 수 있는 힘을 길러주는 방법이다.

성취 경험은 아이가 앞으로의 상황을 예측할 수 있는 '루틴' 안에서 시도해야 한다. 루틴은 예측 가능하여 불안감을 해소해주고, 주어진 일을 성공적으로 해낼 수 있다는 자기 효능감을 기르는 데 큰 도움이 된다.

루틴은 일상에서 쉽게 접할 수 있고 익숙한 활동 위주로 만들어야 한다. 이 시기 아이들은 본능적으로 부모에게 도움이 되고 싶어 한다. 소소하지만 꼭 필요한 집안일을 아이에게 부탁하면 도움이 되었다는 생각에 유능감을 맛볼 수 있다.

발달 수준에 알맞게 수저 놓기, 하교 후 놀이터까지 자기 가방 들고 가기, 장을 볼 때는 사야 할 물건 리스트 들고 있기, 청소할 땐 바닥에 있는 쓰레기 주워 담기 등을 시키자. 그리고 "같이 하니까 오래 걸릴 청소가 금세 끝났네? 정말 고마워"라고 칭찬하며 성취 경험을 반복해서 맛보게 하자. 이런 작은 성공에 익숙해질 때 아이는 그 어떤 과제가 주어져도 할 수 있다는 자신감이 생길 것이다.

아이가 유독 힘들어하는 상황에 조금씩 발을 들일 때 부모가 아이의 감정을 이해하고 수용해주면 아이는 부모를 무슨 일이 있어도 내 곁을 지켜줄 사람이라고 인식한다. 그 안정감을 무기로 아이는 어떤 상황이 닥쳐도 잘 견뎌낼 의지를 갖는다. '뭐 저거 갖고 그래?'가 아니라 '그럴 수도 있겠다'라는 마음으로 아이를 대해주자.

미끄럼틀을 타기 싫어한다면 자주 가는 놀이터에 가서 다른 친구들이 미끄럼틀을 타는 모습을 먼발치에서 관찰하게 하고, 익숙해지면 좀 더 가까이 가서 관찰하게 해보자. 나중에는 부모가 미끄럼틀을 타고, 좋아하는 인형도 태워보는 등 서서히 접근하여 안전하다는 걸 보고 느낄 수 있게 해주자. 부모가 미끄럼틀을 탄 후에 머리에 정전기가 났다면 "어머, 새로운 머리 스타일 어때?"라고 유머스럽게 말하며 머리에 물을 살짝 발라 머리카락이 바로 가라앉는 모습을 보여주어 상황에 맞는 대처법을 알려주는 것도 좋다.

루틴에서 벗어난 상황이라면 명확하게 말로 앞으로 일어날 상황을 알려줘서 아이가 마음의 준비를 할 수 있게 돕자. 청각이 지나치게 민감하여 진공청소기 소리에도 고통스러워한다면 청소를 하기 전에 미리 아이에게 알려주고, 그 시간 동안 방에 들어가 있게 하거나 소음 차단 헤드폰을 끼는 방법 등을 찾아서 해결할 수 있다.

소음을 차단하기 어렵다면 아이가 두려워하는 것이 무엇인지 정확하게 파악한 후 체계적으로 다가가야 한다. 갑자기 큰 소리로 내려가는 변기 소음에 두려움이 있는 경우 물이 어디서 나오고 어디로 가는지 변기 구성 요소와 작동 원리를 보여주고 논리적으로 설명해줄 때 불안감을 줄일 수 있다.

앞서 말한 건 지금 직면한 아이의 불안을 잠재우고 앞으로 나아갈 수 있게 발판을 쌓는 방법이다. 그러나 여기에서 그치면 안된다. 아이는 언젠가 부모의 도움 없이 스스로 해결해야 할 불편하고 불안한 상황에 직면할 것이다. 이것을 대비해 부모는 의도적으로 루틴에서 벗어나 활동 범위를 넓혀줘야 한다. 그 시작은 다음과 같다.

아이가 안전하다고 느끼는 범위 안에서 일주일간의 루틴을 만들고 약간의 변화를 주며 천천히 바꿔보자. 활동의 일관성을 유지하되 시간을 바꿔보자 활동하는 시간은 정해두고 다른 활동을 하거나 장소를 바꿔볼 수도 있다. 예를 들어 아이가 과도하게 스트레스를 받지 않는 범위에서 일주일에 3번 집 앞 놀이터를 가는 규칙을 일주일에 3번 다른 놀이터로 가보거나, 사람이 별로 없는 주중에 마트를 갔다면 사람이 많은 주말에 방문하는 것처럼 천천히 접근 범위를 넓히자. 이러한 일련의 과정을 통해 아이는 세상은 자신이 예상한 대로 진행되지 않을 수 있고 큰일이 일어나지 않는다는 것을 경험해 조금씩 불안에 맞서는 용기를 얻는다.

부모가 심리적으로 불안정하다면 아이는 그 감정을 평소보다 더 많이 불안해할 것이다. 따라서 작은 컵 아이를 둔 부모는 아이의 불안을 다루기 전에 스스로 감정 조절하는 연습을 해야 한다.

지시를 잘 따르지 않는 아이 집중력 키우는 방법

"엄마가 몇 번이나 말했어?", "엄마 말 안 들려?", "셋 셀 동안 빨리 해!" 혹시 아이에게 언성을 높이며 이런 말을 반복적으로 하고 있지는 않은가? 말이 느린 아이가 부모의 지시를 잘 따르지 않는다면 그 아이는 말을 끝까지 집중해 듣는 능력이 부족하거나 지시 사항을 제대로 이해하지 못했을 가능성이 높다.

몇 번을 말해야 겨우 행동으로 옮기거나 반응이 느린 아이는 청각 주의력과 작업 기억력을 먼저 키워줘야 언어를 조금 더 빨리 습득할 수 있다.

청각 주의력과
작업 기억력의 관계

　　청각 주의력이란 소리로 전달하는 지시를 주의 깊게 듣고 알맞게 실행하는 능력이다. 누군가와 소통할 때는 전체 문장을 끝까지 집중해서 들어야 상대방이 하는 말의 의도를 명확하게 알 수 있다. 그런데 청각 주의력이 부족한 아이는 청각적으로 들어오는 정보에 둔감해 놓치는 정보가 많고, 문장을 끝까지 듣지 못해 상대방의 의도를 이해하는 데 어려움을 겪는다.

　　이런 아이들은 단어 습득은 잘되지만 문장 습득에 어려움을 보이고, 간단하고 익숙한 지시는 따를 수는 있어도 여러 가지 복합적인 지시는 수행하지 못한다. 예를 들어 "가방 안에 있는 물통 꺼내서 싱크대 위에 올려놔"라고 지시하면 '물통 꺼내+싱크대 위에 올려놔' 이렇게 2가지 지시를 수행해야 한다. 그런데 아이는 머릿속에 전체 문장이 입력되지 않아 '물통 꺼내'라는 말만 기억나고 그 뒷부분은 생각이 나지 않아 지시를 따르다 말거나 반응을 보이지 않는 것이다.

　　작업 기억력은 들은 정보를 행동으로 옮기기까지 단기간 머릿속에 저장하고 어떤 문제를 해결하기 위해 알맞게 꺼내어 사용할 수 있게 해준다. 작업 기억력이 부족한 아이는 수시로 "뭐라고요?"라며 되묻거나 과제를 수행하러 가는 도중에 엉뚱한 곳에 시선을 두고 다른 길로 새는 모습을 보이곤 한다. 외투를 가져오라는 지시를 듣고 방에 들어가던 중 바닥에 떨어져 있는 장난감을 발견하곤 가지고 놀거나, 방에 들어가자마자 보인 양말을 가지고 나오거나, 방에 가는 도중에 화장실에 들러 손을 닦는 모습도 작업 기억력이 부족하다는 신호다.

학교에서는 학년이 올라갈수록 시각적 정보는 줄어들고 선생님의 설명(말)을 듣고 답을 생각해야 하는 청각 수업을 주로 한다. 작업 기억력이 부족한 아이들은 이런 수업을 이해하는 데 어려움을 느끼고 흥미를 느끼지 못해 수업 참여도가 점점 낮아진다.

청각 주의력과 작업 기억력을 키워주기 위해 가장 먼저 해야 하는 것은 아이가 하던 걸 멈추고 들을 준비를 시키는 것이다. 멀리서 아이의 이름을 10번 부르는 것보다 아이의 어깨를 살짝 누르며 이름을 불러 하던 행동을 멈추게 하고 주변 환경의 변화를 인지할 수 있도록 도와줘야 한다. 아이와 소통을 하기 전에 가까이 가서 눈을 맞추고 이름을 부르는 게 가장 좋지만 매번 그렇게 하기 어렵다면 "엄마 잠깐 볼까?", "엄마 보세요", "집중!"이라고 할 수도 있다.

집중해야 할 때 몸짓으로 신호를 주고받으며 들을 준비를 시키는 방법도 있다. "박수 3번 치면 엄마 얼굴 보고 시선 집중!"과 같은 말을 연습해 엄마가 박수 3번 치면 아이가 스스로 들을 준비가 될 수 있도록 꾸준히 반복하는 것이다.

그다음 아이가 좋아하는 놀이를 통해 집중해서 말을 듣는 연습을 시킨다. 아이들이 좋아하고 반응을 잘하는 활동은 노래를 응용한 놀이다. 〈그대로 멈춰라〉, 〈우리 모두 다 같이 손뼉을〉과 같은 노래를 틀고 음악에 맞춰 신나게 춤을 추다가 "멈춰라!", "손 들어!"와 같은 특정 지시를 외치면서 멈추는 게임으로 듣기 능력을 향상시킬 수 있다. 음악을 듣거나 노래하다가 특정 소리에 맞춰 손뼉을 치는 것도 간단하게 즐길 수 있는 놀이다. 〈작은 별〉 노래에서 '별'이 나올 때마다 손뼉을 치고, 어느 정도 익숙해지면 속도를 서서히 빠르게 하거나 아이 수준에 맞게 손뼉을 쳐야 하는 단어를 여러 개 추가하여 청각 주의력을 높일 수 있다.

말을 듣고 순서대로 사물을 배치하는 활동은 청각 주의력과 작업 기억력을 동시에 향상시킬 수 있다. 청각 주의력이 부족한 아이들은 시각적 단서가 집중력에 큰 도움을 준다. 따라서 처음에는 보고 듣는 것으로 시작해야 즐겁게 참여할 수 있다. 아이의 발달 수준에 따라 2~4개의 그림 카드나 물건을 두고 말한 순서대로 배치해보자. 먹는 걸 좋아한다면 과일을, 자동차를 좋아한다면 색이나 모양이 다른 자동차 장난감을, 동물을 좋아한다면 동물 모형을 앞에 놓고 '바나나-사과', '소방차-트럭' 혹은 '호랑이-곰' 등의 단어를 연결하여 아이가 들은 대로 배치하도록 하고 성공 확률에 따라 배치할 사물을 조금씩 추가하면 된다.

아이가 말을 따라 하는 단계라면 시각적 단서를 제거한 채

바로 듣고 따라 하게 해도 좋다. 우선 아이와 마주 보고 앉아 부모가 한 말을 즉시 따라 하는 놀이를 해보자. 단어 1개를 바로 따라 할 수 있다면 단어를 하나씩 추가하여 간단한 문장으로 확장하면 된다. 단어를 2개 이상 배치하는 단계에서는 같은 카테고리 안에 있는 사물, 예를 들어 '음식'이라는 카테고리 안에서 2가지 다른 음식과 '차가운', '따뜻한'처럼 음식과 연관된 다른 단어를 주어 단기간 기억하기 쉽게 설정해야 한다.

청각 주의력과 작업 기억력 업그레이드하는 소리 내기

청각 주의력과 작업 기억력을 더 높이고 싶다면 꼭 해야 하는 일과를 설명해주고 아이 입으로 들은 것을 그대로 읊게 해보자. 암기할 때 소리 내어 읽으면 뇌에 입력이 더 잘되는 것처럼 들은 내용을 자기 입으로 말할 때 습득이 더 잘되어 지시 수행을 하는 데 큰 도움이 된다. 예를 들어 엘리베이터를 기다리면서 "집에 들어가자마자 손 닦을 거야"라고 미리 설명하고 들은 정보를 이해하고 처리할 수 있는 시간을 충분히 제공한 뒤 3초 기다렸다가 "집에 들어가자마자 뭘 할 거지?"라고 되물어서 아이가 자기 입으로 말하도록 유도해보는 식이다.

활동 전환이 어려운 아이에게는 '먼저/다음' 기법을 적용하는 방법도 있다. 아이에게 부모가 말한 지시를 수행하게 하고 그 대가로 아이가 받고 싶은 보상을 줌으로써 아이에게 원인과 결과의 개념과 특정 시간이 지나면 다음 활동으로 넘어갈 수 있다는 시간 개념을 가르쳐줄 수 있다.

가장 먼저 원인과 결과를 알려주기 위해 한 손은 하이파이브, 다른 손은 아이가 원하는 보상을 부모 얼굴 옆에 들고 시작한다. 만 5세 이하 아이들은 인내심이 그리 길지 않아 2초 안에 보상을 줘야 한다. 주스를 달라고 한다면 한 손을 내밀어 하이파이브를 유도하고, 하이파이브를 하자마자 "주스 주세요"라고 말하며 주스를 주는 것이다. 이것을 여러 번 반복한 후 아이가 원인과 결과의 개념을 습득하면 "먼저 손 닦고 그다음에 과자 먹을 거야"로 적용해볼 수 있다.

이 전략은 하기 싫은 일을 한 다음에 하고 싶은 일을 배치해 아이가 유독 거부하는 활동을 할 수 있게 도와준다. 예를 들어 밥을 먹기 싫어하고 퍼즐 놀이를 좋아하는 아이라면 밥 먼저, 그다음에 퍼즐로 싫어하는 활동 다음에는 선호하는 활동이 오도록 배치를 해야 한다.

활동 전환이 유난히 어려운 아이라면 큰 갈등이 없는 상황이나 좋아하는 놀이로 시작해야 한다. 또는 놀이터에서 놀고 집에서 거품 목욕하기, 과일 먹고 영상 보기, 간식 먹고 산책하기 등 좋아하는 활동들을 앞뒤로 배치해서 아이를 설득하지 않고 서서히 납득하게 할 수 있다.

단, "밥 다 먹으면 사탕 줄게", "뚝 하면 사탕 줄게" 등 'ㅇㅇ하면 사탕 줄게' 패턴을 활용하여 아이가 좋아하는 단 음식을 보상의 도구로 사용하지 말아야 한다. 보상은 훈육과 마찬가지로 일관성 있는 원칙과 올바른 기준으로 사용해야 약이 되고 그렇지 않으면 독이 된다.

보상은 일상에서 매일 해야 하는 활동이나 함께하는 놀이를 활용해야 오래, 꾸준히 지속되기 쉽다. "밥 다 먹으면 사탕 줄게"는 이 상황을 빨리 끝내기 위해 부모의 말을 조건적으로 따르게 하는 것이고, "밥 먼저 먹고, 다음이 간식 시간이야"는 다음에 올 계획을 알려주는 정도다. 조건을 걸면 당장은 부모 말에 순종하는 것처럼 보이지만 반복되면 아이도 하기 싫은 것을 무기 삼아 자신이 원하는 보상을 받으려고 할 수 있다.

자극적인 보상보다 머리를 쓰다듬거나 격려하며 안아주는 등 정서적 보상을 주는 게 적절하다. 보상을 정할 땐 "뭐 해줄까?", "뭐 먹고 싶어?"와 같은 열린 질문보다 아이의 관심사와 선호하는 활동 위주의 보상을 함께 정하는 것만으로도 아이에게는 큰 동기부여가 된다.

끝으로 지시할 때는 수용언어 능력이 부족한 아이가 알아들을 수 있는 수준을 고려해 1개의 지시를 내려야 한다. 보통 부모는 "장난감 통 가져와서 장난감 치우고 책 1권 골라서 엄마한테 와"라며 '장난감 통 가져와+장난감 치우고+책 1권 골라+엄마한테 와'처럼 다단계 지시를 내린다. 아이가 느끼기에 어려운 다단계 지시는 회피나 거부 반응을 불러일으키고 몇 번이고 반복해서 말해도 듣지 않는 의미 없는 지시로 남는다.

지시 사항을 제대로 이해하지 못하는 아이에겐 하지 말아야 할 것보다 해야 하는 것을 짧게 알려주는 것이 좋다. "사람 많이 걸어다니는 복도에선 엄마가 뛰지 말라고 했지!" 대신 "천천히 걸어"와 같이 간결한 문장으로 설명하듯 알려주는 것이 좋다. 또한 아이에게 어렵고 추상적인 어휘보다 구체적으로 설명해야 이해를 도울 수 있다. "도서관에서 누가 이렇게 소리를 질러? 다른 사람들 방해되니 조용히 해!" 대신 "개미처럼 작게 말해야 해"라며 추상적인 어휘 '조용함'을 구체적인 사물 '개미'에 비교해 알려주는 것이 더 나은 효과를 볼 수 있다.

1단계에서 다단계로 넘어가는
지시 수행 루트 짜기

언어 치료에서는 아이가 스스로 지시를 수행할 수 있도록 돕기 위해 명확하게 단계를 나누어 치료 계획을 세운다. 1단계 지시 수행을 완벽하게 따라야 2단계, 3단계 등 다단계 지시로 넘어갈 수 있다. 시작점은 주어진 지시에 아이가 일관되지 않은 반응을 하거나 아예 반응하지 않을 때다.

완벽하게 지시를 수행한 시점은 아무런 힌트 없이 10번의 다양한 1가지 지시 중 8번을 스스로 수행했을 때다. 예를 들어 다양한 상황에서 "컵 가져와"라고 10번 지시했을 때 8번 이상 가져온다면 지시를 완벽히 이해한 것이라 본다.

말로만 지시했을 때 아이가 잘 못 알아듣는다면 최소한의 단서를 제공하고, 하나씩 단서를 추가하며 아이가 지시를 수행할 수 있게 유도해야 한다. 아이에게 컵을 가져와 달라는 지시를 훈련하는 경우 최소 단서에서 최대 단서로 넘어가는 과정은 다음과 같다.

말 ⇨ 몸짓+말 ⇨ 모델링+말 ⇨ 아이와 함께 수행+말
(최소 단서) **(최대 단서)**

"컵 가져와"라고 말로만 지시(최소 단서) ⇨ 컵을 바라보고, 가리키며(몸짓) "컵 가져와"라고 말로 지시 ⇨ 아이가 볼 수 있도록 컵 있는 곳으로 가서 컵을 가지고 오며(모델링) 아이에게 "컵 가져와"라고 말하며 가르치기 ⇨ 아이와 함께 컵이 있는 곳으로 가서 아이와 컵을 함께 잡으며 "컵 가져와"라고 말하며 가르치기

(최대 단서)다.

1단계 지시에서 2단계 지시로 넘어갈 때는 "컵 가져와서+엄마 줘", "잠바 가져와서+입어", "손 씻고+말려" 등 1개의 주제로 2가지 구체적인 과제를 포함하여 가르쳐야 한다.

지시를 잘 따르지 않거나 주의 전환이 어려운 아이는 제멋대로인 아이로 비치는 경우가 많아 주변에서 부정적인 말을 많이 듣는다. 이 아이들에게 지시를 실행한 후 주어지는 칭찬은 그 어떤 훈육보다 중요하다. 아이의 고집을 어떻게든 꺾어 부모의 말을 듣게 만들자는 자세보다 아이가 좋아하는 놀이를 함께 하고 잘하는 것을 찾아 칭찬해주는 자세로 아이를 대해야 한다. 시간이 걸려도 차근차근 가르치겠다는 마음으로 아이와 긍정적인 소통 경험을 나누며 지적이 아닌 지지받는 환경을 만들어주자.

의사 표현하지 않는 아이를 가르치는 방법

어휘력이 부족한 아이는 상대방이 하는 말을 잘 알아듣지 못하고, 내가 하고 싶은 말도 제대로 전달할 수 없어 의사 표현을 하지 않거나 짜증을 내며 감정을 표출한다. 이런 부정적인 경험이 쌓이면 소통하려는 의도를 잃을 수도 있다. 따라서 의사 표현을 하지 않는 아이에게는 '선택하기'를 가르쳐 소통을 가르치는 게 좋다.

아이의 욕구를 해결하는 선택하기

얼마 전에 먹어본 딸기 우유가 또 먹고 싶어서 엄마에게 우유를 달라고 했는데, 엄마는 딸기 우유가 아닌 흰 우유를 줬다고 가정해보자. 어휘력이 부족한 아이는 '딸기'라는 단어를 모를 뿐만 아니라 '얼마 전에 먹어본 분홍색 우유'라고 설명할 수 없어 답답한 마음에 신경질을 부리게 된다. 우유를 달라고 해서 줬는데 안 먹는다고 울고 있는 아이를 보는 엄마도 답답하긴 마찬가지다. 이때 선택하기를 사용한다면 부모의 답답함을 해소함과 동시에 아이의 의사 표현 능력을 키워줄 수 있다.

방법은 간단하다. 일상 속에서 반복적으로 자주 접하는 친숙한 선택 사항을 적절한 상황에서 듣고, 보고, 사용할 수 있게끔 기회를 제공해주면 된다. 먼저 아이와 마주 보고 앉아서 양손에 물건을 들고 "바나나 먹을래, 사과 먹을래?"라고 묻고 잠시 기다려보자. 의사 표현이 익숙하지 않은 아이라면 처음에는 별 반응을 하지 않을 것이다. 이럴 경우 너무 시간을 끌지 말고 가르쳐주고 싶은 어휘를 더 과장되게 표현하며 선택할 수 있도록 유도해주자. 왼손에 있는 바나나를 아이 쪽으로 더 가까이 내밀면서 "바나나 먹을래?"라고 하며 그 자리에서 1초 멈췄다가, 이번엔 오른손에 쥔 사과를 아이 쪽으로 더 가까이 내밀면서 "사과 먹을래?"라고 한 뒤 기다려보는 것이다. 그래도 반응하지 않는다면 부모가 아이의 손을 잡고 둘 중 하나를 골라서 선택하는 방법을 직접 알려줘야 한다. 아이의 손을 바나나에 갖다 대면서 "바나나 먹을래?" 하며 바로 바나나를 까서 아이 손에 쥐어주는 것이다. 아이가 무엇을 선택했을 때 즉각적인 보상이 온다는 걸 이해하고 자신의 의도적인 행동이 상대방에게 영향을 줄 수 있다는 즐거움을 맛볼 때까지 매일 반복하는 게 중요하다.

의사소통을 자극하는
선택 유도하기

"빵 먹을래? 밥 먹을래?"라고 몇 날 며칠을 물어봐도 가만히 있다면 의사소통에 관심이 없는 아이일 가능성이 높다. 그러나 소통하려는 데 관심이 없는 아이여도 모든 사람은 기본적인 욕구가 있다는 걸 잊지 말아야 한다. 특히 영유아가 요구하는 범위는 그리 넓지 않고 대부분 무언가를 하고 싶거나, 필요하거나, 싫거나 하는 정도 범위 안에 속한다.

반응이 적은 아이일수록 먹고, 자고, 입는 활동에 집중하여 최소한의 소통을 할 수 있도록 가르쳐야 한다. "샌들 신을래, 운동화 신을래?" "파란 양말 신을래, 빨간 양말 신을래?" "우유 마실래 물 마실래?", "곰돌이 모자 쓸래 공룡 모자 쓸래?"로 선택하기의 개념을 이해했다면 조금씩 범위를 넓혀 다양한 상황에서도 선택을 해 의사 표현을 할 수 있게 해주면 된다. "우리 뛰어갈까 걸어갈까?", "누가 먼저 해볼까? 엄마 아니면 아빠?", "어디에 둘까? 위 아님 아래?" 등 아이가 특정 상황에서 사용할 수 있을 표현을 한번 더 짚어준다는 느낌으로 자연스럽게 응용하면 된다.

아이가 선택을 하긴 하는데 무조건 오른손에 있는 걸 고르는 패턴이 보인다면 물건 위치를 바꿔 다시 제안해 보거나 오른손에 아이가 선호하지 않는 물건을 들고 제시하는 것도 방법이다. 예를 들어 바나나를 가장 좋아하고 포도맛 약을 싫어한다면 왼손에는 바나나, 오른손에는 포도맛 약을 들고 선택을 유도하는 방법도 올바른 표현을 촉진할 수 있는 효율적인 전략이다.

선호하는 물건과 선호하지 않는 물건을 제시해도 계속 선호하지 않는 물건을 고른다면 2가시 선택 사항이 한 번에 제공되는 게 아이에게는 아직 어렵다는 뜻이다. 이럴 경우엔 단어 이해력을 넓히는 것에 초점을 두어야 한다. 매일 사용하는 용품 1개를 골라 아이 앞에 두고 요청 시 물건을 선택하는 연습을 하는 것이다. 바나나를 앞에 두고 "바나나 어디 있지? 바나나 주세요"라고 말하며 아이가 바나나를 잡게 하는 연습을 반복하면 된다.

이 단계가 가능하다면 물건을 2~3개 나열하여 선택할 수 있게 해주자. 단, 처음에는 아이가 좋아하고 관심 있는 것에서 시작하고 성공 확률이 80% 이상 될 수 있도록 만들어줘야 한다. 작은 성공의 경험이 쌓여야 자신감뿐만 아니라 더 하고 싶은 내적 동기를 키울 수 있다.

말을 따라 하지 않는 아이 모방 유도하는 방법

 말은 모방을 통해 트인다. 아이가 말을 잘 모방하지 않는다면 그 아이는 아직 단어를 따라 하는 단계가 아니어서 어렵게 느끼는 것이다. 말소리를 모방하기 전에 반드시 비언어적 모방 단계를 거쳐야 소리, 단어도 모방할 수 있다. 우리 아이는 현재 어떤 모방 단계에 있나 살펴보고 단계별로 모방을 유도하는 쉽고 재미있는 촉진법을 알아보자.

공동 주의력을 길러주는 행동 모방

 의사소통의 가장 기본적이고 필수적인 요소는 '공동 주의력'이다. 공동 주의력이란 상대방에게 주의를 기울이고 경험을 공유하는 능력이다. 이것을 키워주려면 모방 행동을 보여주고 공동 관심을 형성해야 한다. 공동 주의력을 촉진하기 위한 가장 간단한 방법은 '아이의 행동을 따라 하는 것'이다. 주위 사람에게 관심이 없고 혼자 노는 것을 선호하는 아이라면 주변을 인식하는 데 어려움을 보인다. 그런데 상대방이 자신의 행동을 그대로 모방하면 그 사람이 하는 행동을 인식할 수 있고 주변에 더 관심을 갖는다.

아이가 차를 1줄로 세우고 있다면(놀이 행동) 마주 앉아서 똑같이 차를 1줄로 세우기(행동 모방)를 해보자. 아이는 부모의 모방 행동을 반복적으로 관찰하면 시청각 자극을 통해 모방의 개념을 습득하게 된다. 나아가 아이는 부모가 자신의 행동을 모방하도록 유도하며 자연스럽게 놀이를 주도할 수 있다.

이 과정을 반복하여 아이가 모방 개념을 어느 정도 인식했다면 아이가 부모의 행동에 관심을 보일 때 '행동 확장'을 유도해보자. 예를 들어 아이가 혼자 레고를 쌓으면서 놀고 있다면(놀이 행동), 마주 보고 앉아 따로 레고를 차곡차곡 쌓고(행동 모방), 아이가 부모가 쌓은 레고에 관심을 보일 때 부모는 "우르르 쾅쾅!" 하며 레고를 무너뜨리면서(행동 확장) 아이가 행동을 따라 할 수 있게 유도하는 것이다.

이런 행동을 몇 번 반복하면서 아이가 예측할 수 있는 놀이 패턴이 만들어졌을 때(쌓기 → 무너뜨리기) 부모는 쌓아 올린 레고를 무너뜨리기 전 아이가 부모에게 무너뜨리려는 신호를 줄 때까지 기다려야 한다. 아이가 "우르르 쾅쾅!" 또는 이와 비슷한 신호를 주는 순간 레고를 무너뜨려서 상호작용 기술을 배우게 할 수 있다.

인형을 이용한 행동 확장도 있다. 인형 머리 감겨주기, 수건으로 몸에 묻은 물 닦아주기, 뽀뽀해주기, "아이 예쁘다" 하며 쓰다듬어 주기, 발바닥 간지럽히기, 밥 먹이기 등이 있다.

공을 이용한 행동 확장도 있다. 우선 다리를 크게 벌려 마주 앉은 뒤 공을 주고받으며 굴리기, 박스 안에 공 넣었다 빼기, 공을 티셔츠 안으로 넣고 "공 어디 있지. 여기 있네!" 하며 공 찾기, 벽에다 공치기, 손으로 리듬 타며 공 두드리기 등이 있다.

자동차 장난감을 이용한 행동 확장도 있다. "준비, 시작!" 하며 자동차 장난감을 서로에게 굴리기, 다른 장난감에 부딪치면 "쿵!" 하고 소리를 내거나 "빵빵! 자동차가 나갑니다. 비키세요" 라고 말하기, 번갈아가며 자동차 줄 세우기, "슝슝" 소리를 내며 누가 빨리 가나 시합하기 등이 있다.

소통의 의도를 알려주는 몸짓 모방(베이비 사인)

행동 모방을 한다면 그다음 단계는 몸짓 모방을 가르칠 차례다. 말을 가르치는 것보다 중요한 건 소통하고 싶은 '의도'를 가르치는 것이다. 그 의도는 '주고받는 비언어적 소통'을 통해 가르칠 수 있다.

먼저 아주 쉽게 배울 수 있는 몸짓은 하이파이브다. "하이파이브!"라고 외치며 손을 내밀고 아이가 손을 내밀어 하이파이브를 할 수 있도록 일상에서 유도해보자. 밥을 다 먹고 난 후 "잘 먹었다. 하이파이브!", 양치한 후 "양치 끝! 하이파이브!" 등 다양한 상황에서 응원과 칭찬을 함께 해주면 몸짓 모방을 촉진할 수 있다.

손뼉치기 또한 몸짓 모방을 쉽게 유도하는 방법이다. 특정 활동의 끝을 알리는 신호(놀이 시간이 끝났을 때, 식사 시간이 끝났을 때 등)로 사용하면 '다했다'라는 의미를 담은 비언어적 언어로도 활용할 수 있어 효과를 배로 볼 수 있다. 손뼉치기 모방을 가르칠 땐 "박수"라고 말하며 부모 혼자 신나게 박수를 치고 5초 정도 기다렸다가 또 "박수"라고 하며 반복해서 손뼉을 치면 된다. 또는 "빠바이~" 하며 손 흔들기, 잼잼 도리도리, 두 손 위로 올려 만세 하기, 손으로 눈을 가리는 까꿍 놀이 등으로 몸짓 모방을 유도해볼 수 있다.

하이파이브 같은 간단한 몸짓으로 몸짓 모방의 재미를 맛보게 한 후 베이비 사인을 자주 사용하면 의사소통 능력에 큰 도움을 줄 수 있다. 말문이 아직 트이지 않은 아이에게 '말'이 아닌 또 다른 소통의 수단을 알려주는 것은 그 어떤 선물보다 값진 선물이다.

어휘력, 표현력, 두뇌 발달까지 유도하는 베이비 사인의 학습 효과는 전반적인 언어 발달에 긍정적인 영향을 미친다. 어린 나이에 간단한 수화를 쓰는 것은 일찌감치 의사소통의 기회를 제공해주는 일이기도 하다.

베이비 사인을 쓴 아이는 의사를 표현할 수 있는 방법을 알게 되어 울고 떼쓰는 횟수도 줄어들고 부모와 유대감도 강해질 것이다. 일반적으로 생후 6~8개월 즈음에 이유식을 먹이면서 베이비 사인을 알려주고, 돌 전후에는 상황에 맞는 베이비 사인을 아이가 직접 쓸 수 있게 유도해주면 된다.

베이비 사인은 다용도로 사용할 수 있는 기능적 단어 위주로 가르쳐야 효율적이다. 예를 들어 아이가 산책할 때마다 집 근처에 있는 강아지를 보러 간다면 "멍멍이(강아지) 보러 갈까?"라고 매번 '네/아니요'로 답할 수 있는 닫힌 질문을 하기 보다 "나가자" 혹은 "(밖에) 가자"라는 표현을 써준다면 마트에서 집에 가자고 할 때, 차에서 내리고 싶을 때 등 장소를 이동하고 싶은 상황에서 적절하게 사용할 수 있다.

정확한 베이비 사인을 가르쳐주는 것이 이상적이지만 꼭 특정 몸짓에 의미를 붙여 서로 알아들을 수 있는 몸짓 언어를 추가해도 된다. 말이 느린 아이에게 언어 치료에서 무조건 가르치는 베이비 사인은 '더/또'(더 먹고 싶다는 표현, 더 놀고 싶다는 표현, 다시

한 번 더 해달라는 표현 등), '끝/다했다'("다했어?", "그만하고 싶어?", "그만할래", "다 먹었어?", "그만 먹을래" 등), '도와주세요'(뚜껑을 열어줘야 할 때, 높은 곳에서 있는 물건을 꺼낼 때, 뜨거운 국을 식혀야 할 때 등), '열어'(문을 열 때, 서랍을 열 때, 장난감 통을 열 때 등), '내 차례야/내가 할래'와 같이 아직 어른의 손길이 많이 필요한 아이의 욕구를 채워줄 수 있는 표현들이다.

생후 36개월 이전 아이들의 욕구는 먹고, 자고, 싸는 등의 생리적인 욕구가 대부분이다. 과자를 더 먹고 싶어서, 밥을 더 먹기 싫어서, 더 자고 싶어서 혹은 낮잠을 자기 싫어서 떼를 쓰기 때문에 이러한 기본적인 욕구를 표현할 수 있는 일상 언어를 가르쳐야 떼쓰는 빈도도 줄어든다.

베이비 사인과 같은 몸짓 언어는 아이마다 개인차를 가지고 습득하기 때문에 정확하게 어느 정도의 기간이 필요한지 단정 지을 수 없다. 다만 꾸준히 여러 번 보여주면 어느새 베이비 사인을 따라 한다는 것을 잊지 말자.

베이비 사인으로 의사소통을 할 때 부모는 아이의 마음을 소리 내 읽어줘야 한다. 예를 들어 아이가 "아! 아!" 소리를 내며 과자를 더 달라고 표현할 땐 아무 말 없이 더 주지 말고, "더 먹고 싶어?"라고 말하며 '더/또' 몸짓을 보여주고 과자를 줘야 한다.

여기서 주의할 점이 있다. 아이에게 베이비 사인을 가르쳐주기 위해 아이가 따라 할 때까지 수십 번 반복하면 전보다 더 심하게 울고 떼쓸 확률이 높다. 부모가 여러 상황에서 베이비 사인을 쓰는 모습을 자주 보여주고, 아이가 어느 정도 익숙해졌을 때 아이의 손을 살며시 잡아 비슷하게 사인을 따라 하는 정도로만 반복해야 지속해서 가르칠 수 있다.

부모의 몸짓을 아이가 정확히 따라 하지 않아도 괜찮다. 아이 연령, 소근육 발달에 따라 차이가 있을 수 있으니 조바심을 버리고 비슷하게 따라 한다면 무조건 칭찬해주자. 칭찬을 할 땐 "와, 최고!" 혹은 "우와 잘했어!"와 같은 말보다 소통의 의도, 소통의 시도를 칭찬해주는 느낌으로 "우와, '더 줘'라고 했어!"라고 아이가 몸짓으로 표현한 것을 칭찬해주면 아이는 의사소통에 자신감을 가질 수 있다.

아이가 몸짓을 모방하기 시작했다면 즉각 보상을 해줘야 다음에 또 사용하고 싶은 욕구가 생긴다. 아이가 "열어"라는 표현을 사용하며 스스로 열 수 없는 장난감 통을 열어달라고 하면 "장난감 통 열어줘?"라고 말한 후 바로 통을 열어줘야 한다.

자발적으로 표현하지 않는
아이의 각성 깨우는 방법

'분명 저게 컵이라는 걸 알고 있는데 왜 컵이라고 말하지 못하지?', '며칠 전에 자신이 답답할 때는 '주스'라고 했으면서 왜 오늘은 또 내 손만 잡아당기고 말로 표현하지 않지?' 단어를 많이 알고 있지만 자발적으로 사용하지 않는 아이들이 있다. 이런 아이들은 각성 조절이 제대로 이뤄져 있는지 살펴봐야 한다.

앞에서 설명했던 것처럼 높은 각성은 진정시켜야 하고 낮은 각성은 뇌를 깨워줘야 한다. 아이의 몸이 필요로 하는 것을 먼저 채워준 다음 상호작용을 이끄는 기회를 제공해보자.

자발어를 이끄는
결핍 상황 만들기

각성이 낮은 아이의 뇌를 깨우기 위해서는 점프하기, 빙글빙글 돌기, 달리기, 젖은 촉감 놀이(미역, 진흙, 밀가루 반죽) 같이 몸을 움직이는 활동이 제격이다. 아이의 신체가 준비되고 집중을 한다면 '표현의 필요성'을 느끼게 해줘야 할 차례다.

자발어를 드물게 사용할 때는 일상에서 표현의 필요성을 크게 못 느낄 가능성이 높다. 아이가 말을 꺼내기도 전에 부모가 아이의 욕구를 먼저 알아차리고 다 채워주고 있진 않았는지 생각해봐야 한다. "이거 먹을래?", "배고파?", "이게 뭐야?"와 같은 언어 자극을 받아야만 말을 하거나 답을 하는 아이는 자발적으로 의사를 표현하지 않는다. 이럴 때는 일상에서 의도적으로 결핍 상황을 만들어 자발어를 이끌어내야 한다. 결핍 상황에서 아이는 불편을 해결하기 위해 올바르게 표현하는 법을 배우고 이는 생활하는 데 큰 도움이 된다.

아이가 요청한 물건이 아닌 다른 걸 가져다 주거나 평상시와 다른 엉뚱한 반응을 보여줘 아이가 필요한 게 무엇인지 모르는 척해보자. 매일 갖고 노는 버스 장난감을 꺼내 달라는 아이에게 버스 옆에 있는 인형을 주거나, 짝짝이 양말을 가지고 오거나, 셔츠를 거꾸로 입혀 주는 등 불편한 상황을 만들어 아이가 스스로 의사 표현을 할 수 있도록 유도해보자.

아이가 바꿔 달라는 신호를 보내면 마치 몰랐던 것처럼 "아, '버스 주세요'였구나?", "어머, 양말 짝이 안 맞네!" 혹은 "옷을 거꾸로 입었네"라며 상황에 적절한 표현을 직접 말로 해주자. 이때 아이에게 말을 강요해선 안 된다. 말로 표현하지 않아도 대화를 시작하려는 행동, 즉 소통의 의지에 중점을 두고 그에 반응하여 상호작용을 이끌어내야 한다.

일상에서 결핍을 느낄 만한 장애물 만들기

우리 집에 있는 대부분의 장난감은 종류별로 투명한 통 안에 보관하는데 이렇게 하는 데는 2가지 이유가 있다. 첫 번째는 우선 정리하기 쉽고, 두 번째는 아이가 스스로 통을 열어달라고 어른에게 도움을 요청하기 때문이다.

이와 같이 아이가 좋아하는 장난감을 높은 곳에 올려두기, 맛있는 간식을 투명한 통에 넣고 뚜껑을 닫아 아이 시선이 닿는 곳에 놓기, 항상 같은 자리에 있던 신발 한 짝을 다른 곳에 두기 등 은근슬쩍 일상 속에 작은 장애물을 만들어 자발적 표현의 기회를 제공해주자. 아이가 포인팅, 몸짓 언어, 표정 등 비언어적 언어를 쓰면 "뚜껑 열어줘?", "도와줘?", "어? 신발 어디 있지?"와 같이 그 상황에서 아이가 할 수 있는 표현을 해주며 언어 자극을 줘야 한다.

　일상 루틴 중 아이가 필요한 일부만 제공하는 '반쪽짜리 결핍'을 주는 방법도 있다. 밥 먹을 때 항상 물을 마시는 아이에게 빈 컵만 주거나, 그림을 그릴 때 종이만 주고 색연필은 주지 않는다거나, 과자를 봉지째 주지 말고 그릇에 조금씩 덜어서 주기 등 아이가 필요한 것을 한꺼번에 제공하지 말고 조금씩 줘 달라는 표현을 할 수 있도록 유도해야 한다.

　이렇게 결핍 상황을 만들어도 별다른 반응이 없다면 그땐 아이가 관심을 갖도록 유도해야 한다. 아이가 좋아하는 기차를 투명한 통에 넣고 뚜껑을 닫은 뒤 "어머, 네가 제일 좋아하는 기차가 통 안에 갇혔어! 어쩌지?"라고 말한 후 기대에 가득 찬 눈빛으로 아이를 바라보며 잠시 기다려보자. 아이가 엄마의 손을 잡아당기며 통으로 데려가거나 통을 들고 부모에게 와 열어달라고 하는 등 자신만의 표현 방식으로 도움을 요청하면 바로 반응을 보여주자. 단, 너무 오래 기다리게 해서 아이가 흥미를 잃어버리지 않도록 해야 한다.

KNOWHOW

말이 느린 아이,
어린이집에 적응시키는 방법

아이가 하루 일과 중 대부분을 어린이집, 유치원과 같은 기관에서 보낸다면 아이의 전반적인 언어 발달뿐만 아니라 사회생활에 잘 적응하기 위해서 선생님의 도움이 필요하다. 그러나 기관에서는 보통 한 반에 적어도 8명, 많으면 20명 정도의 아이들이 함께 생활해 현실적으로 선생님이 우리 아이에게만 집중하기 힘들다. 그래서 선생님과 부모 모두 같은 목표를 공유하는 것이 무엇보다 중요하다. 아래 목록을 보고 필요에 따라 해당되는 영역을 적어 학부모 상담 시 '우리 아이는 이런 아이예요, 아이와 이렇게 소통해주세요'라며 구체적으로 도움을 요청해보자.

1. 질문/지시를 제대로 알아듣지 못하는 아이
   - 짧고 간결하게 지시해주세요.
   - 이해를 돕기 위해 다른 표현으로 설명해주세요.
   - 지시 사항의 이해를 돕기 위해 지시 사항을 되물어 주세요.("색칠을

끝낸 학생은 의자를 넣고 문 앞에 줄 서세요"라는 지시를 내렸다면 "색칠 끝나고 무엇을 해야 한다 그랬지?")

- 질문에 대답할 수 있는 충분한 시간을 제공해 주세요.
- 말로 지시할 때 시각적 단서(가져와야 할 물건 손으로 가리키기)를 제공해 주세요.
- 새로운 내용을 설명 할 때(특히 추상적인 개념) 이해를 돕기 위해 시각적 자료(그림)를 함께 사용해 주세요.
- 한 번에 1가지 질문만 해주세요.
- 수업 루틴, 스케줄에 변경이 있다면 강조하며 알려주세요.

2. 주의 집중력이 약한 아이

- 교실의 하루 일과 흐름을 따라갈 수 있도록 시각적 일정표를 제공해 주세요.
- 주의 전환을 돕기 위해 '먼저, 다음' 기법을 적용해 주세요(251쪽 참고).
- 활동을 전환하기 몇 분 전에 미리 알려주세요.
- 선생님과 가깝고 방해 요소가 없는 곳에 자리를 배정해 주세요.
- 과제를 끝낼 수 있도록 시간을 연장해 주세요.
- 과제를 수행할 수 있도록 작은 단계로 나눠주세요.
- 안절부절못한 모습을 보일 땐 만질 수 있는 피젯 장난감 Fidget toy을 사용하여 집중할 수 있게 도와주세요.
- 숙제를 제출할 수 있는 추가 시간을 허용해 주세요.

Epilogue

아이가 필요한 사람은 용기 있는 부모다

 말이 트이기는 할까? 언제까지 말을 안 하는 걸까? 저 행동은 언제쯤 그만할까? 우리 아이도 자폐스펙트럼은 아닐까? 발달이 느린 아이를 키우면서 때론 우리가 듣고 싶지 않은 소견을 직면해야 할 때 우리는 극도의 두려움과 불안감을 느끼곤 한다.
 아이를 위해 무엇을 어떻게 해줘야 할지 모를 때 생기는 스트레스와 아이가 이상한 행동을 할 때면 찾아오는 두려움, 그 뒤를 따라오는 불투명한 미래. 이 모든 두려움을 극복할 수 있는 것은 우리 아이가 자신만의 속도로 성장하고 있다는 '믿음'이다.
 육아는 부모를 성장시키는 과정이다. 내가 만든 허상의 두려움을 내려놓고 아이와 함께 나도 성장하고 있는지 생각해봐야 한다. 아이와 건강한 애착을 형성하고 싶다면 나 자신과의 관계를 먼저 회복해야 한다. 어린 시절 불안정한 삶을 경험했거나 집단 따돌림이나 폭행 같은 트라우마를 겪었다면 심리적으로 미숙한 '내면 아이'가 자리잡게 된다. 이 내면 아이는 불안을 느끼는 순간 그 감정에 온 마음을 빼앗겨 이성적으로 상황을 볼 수 없고 논리적인 해결책도 제시할 수 없다. 따라서 아이를 돌보기 전 자신과의 관계가 회복되어야 한다는 걸 꼭 명심해두자.

나와의 관계를 돌아봤다면 나와 배우자와의 관계도 살펴봐야 한다. 특별하고 느린 아이를 알아가는 과정에서 부부가 서로 열린 마음으로 대화하기는 쉽지 않다. 서로를 탓하는 느낌이 들 수도 있고, 가장 아픈 곳을 건드리기 때문에 상처만 주고받을 뿐 서로 대화가 잘 안될 수도 있다. 때로는 의도치 않게 상처를 주고 멀어질 수도 있다.

그럼에도 불구하고 하나뿐인 우리 아이의 행복을 위해서 서로 힘을 내고 도와야 한다. 부모로서 아이에게 줄 수 있는 가장 값진 선물은 행복한 엄마, 아빠의 모습이다. 행복은 부모를 소통하게 만들고 그런 부모와 함께하는 아이의 상호작용은 말을 주고받는 것 그 이상을 보게 해줄 것이다.

최선을 다해 아이를 키우고 싶은 부모가 해야 할 또 하나의 일은 내 마음에 여유를 허락하는 것이다. 마음의 여유가 없는 부모들은 느린 아이에게 화풀이하며 상처 주는 말을 하게 되고, 별

것 아닌 일로 화를 낼 때가 많다. 마음의 여유를 찾기 어렵다면 다음에 나오는 예를 참고하자. 우연히 알게 된 방법으로 나 또한 문제를 바라보는 태도가 바뀌었고, 조급했던 마음이 단기간에 감사로 채워지는 것을 경험했다.

방법은 간단하다. 생각을 'I have to'에서 'I get to'로 바꾸는 것이다. I 'have' to는 할 수 없이 꼭 해야 한다는 뉘앙스가 있는데, I 'get' to는 뭔가 특별한 '기회'라는 뉘앙스가 있는 표현이다. 예를 들어 "I have to put the kids to bed"(애들 재워야 해)가 "I get to put the kids to bed"(애들을 재워줄 수 있어)로 바뀌고, "I have to drop the kids off"(애들 데려다줘야 해)에서 "I get to drop the kids off"(애들을 데려다줄 수 있어)로 단어 하나만 바꾸면 된다. 내가 애들을 재울 수 있어서 감사하고 데려다줄 수 있어서 감사하다. 이렇게 생각을 바꾸면 당연했던 일상이 소중해지고 나도 모르게 감사하는 마음이 생긴다. 감사는 행복한 삶을 느끼게 하는 중요한 요소니 위에서 소개한 예를 꼭 실천해보길 바란다.

행복한 부모가 행복한 아이를 만든다. 부모라면 누구나 다 아이가 행복하길 바라지만 육아에 지쳐 있는 오늘의 나에게 행복이란 잡히지 않는 신기루처럼 느껴질 때가 있다. 아이와 신경전이나 다툼에 벌거벗겨진 나 자신의 내면과 마주치면서 실망하고 자책하며 육아는 역시 어렵다고 한숨 쉬게 된다. 그런 나에게 지인들은 "지금이 가장 힘들 때야. 몇 년만 지나면 분명 여유가 찾아올 거야"라며 위로해준다. 나 또한 이런 위로의 말을 많이 들었다. 그래서 나는 좀 더 구체적인 위로를 건네고 싶다.

이때가 가장 힘들다고 생각하지만 앞으로 살아가면서 더 힘든 일도 많을 테니 육아에 힘을 좀 빼고, 나중에 '그때 더 예뻐해줄걸' 하며 아쉬움을 남기지 말자. 주변에 중학생 정도 되는 아이를 키우는 부모들에게 물어보라. 그쯤 되면 육체적 힘듦에서는 조금 자유로워질 수 있지만 사춘기 등의 이유로 아이와 거리감을 느끼는 부모들이 많다. 아이가 성장할수록 부모의 따스한 격려와 응원은 중요해지고, 부모의 지지를 버팀목 삼은 아이는 어떤 상황에서도 포기하지 않는 끈기와 용기를 꽃피운다.

육아를 하면서 느끼는 자책감에 괴롭다면 언젠가는 마주치게 될 나의 내면을 사랑하는 내 아이를 통해 알게 된 점에 감사하며 함께 행복하게 살자.

언어치료사로서 생각하기에 아이와 관련된 모든 것 중 가장 큰 문제는 부모의 불안이다. 아이를 바꾸려 하지 말고 아이의 시선에서 세상을 바라보고 한 걸음씩 꾸준히 다가가보자. 부모가 바라보는 시점을 바꾸면 나를 불안하게 했던 아이의 특성이 강점으로 변할 것이고, 아이를 부모의 고정관념에 끼어 맞추지 않으면 아이는 더 이상 해결해야 할 문제가 아니게 된다. 부모가 용기 내어 아이의 세계 속으로 먼저 들어가 아이를 바라보고 알아가야 내면에 있는 불안한 마음을 마주해도 쉽게 흔들리지 않을 수 있다.

아이의 언어 잠재력은 땅속에 심은 씨앗과 같다. 이 씨앗은 가만히 둔다고 저절로 자라지 않는다. 적절한 물, 온도, 산소, 햇빛 등 필요한 조건이 주어졌을 때 새싹이 딱딱한 껍질을 깨고 나올 수 있다. 고개를 든 싹은 적절한 관심을 받아야 오랫동안 시들지 않고 꽃을 피운다. 이처럼 부모의 역할은 아이의 작은 씨앗이 싹을 틔우고 꽃을 피울 수 있도록 적절한 환경을 만들어주는 것이다. 지금 당장 꽃이 필 기미조차 보이지 않아 봄이 언제 오나 싶지만 봄은 반드시 찾아온다. 단지 지금은 꽃을 피우기 위해 준비하는 겨울일 뿐이다.

내 곁에 있는 아이가 다른 집 아이로 태어나지 않은 건 '나'라는 사람을 부모로 만들어 주려고 선물처럼 온 것이다. 나에게는 아이를 잘 키울 수 있는 충분한 능력이 있고, 아이에게 부모는 그 존재만으로 소중하다는 걸 잊지 말자. 지금 우리는 세상에서 가장 어렵고 가치 있는 '사람 만드는 일'을 하고 있는 부모라는 존재임을 기억하자.

부록

자폐스펙트럼의
3가지 특징

뇌 신경의 차이로 발생하는 자폐스펙트럼은 사회적 의사소통 기능에 저하를 일으키는 신경발달장애다. '자폐스펙트럼'이라는 말을 듣는 순간 어떤 아이가 머릿속에 떠오르는가? 눈맞춤이 어렵고, 불러도 돌아보지 않고, 상호작용이 안 되고, 특이한 물건에 강한 집착을 보이는 아이가 떠오르지 않는가?

미디어에서 흔히 보이는 모습은 자폐스펙트럼에 대한 한정된 이미지를 노출하기 때문에 대부분 부모는 고정관념을 가지고 일반적인 자폐스펙트럼의 특정 모습을 떠올린다. 명확한 자폐스펙트럼의 특성을 보이는 아이도 있지만 전문가도 인식하기 어려울 정도의 미묘한 특성을 보이는 사례도 많다.

자폐스펙트럼은 흑과 백처럼 분명한 차이를 보이지 않는다. 따라서 1명의 자폐스펙트럼 아동을 안다고 해서 모든 자폐스펙트럼 아동을 이해한다고 말할 수 없다. 이 병명이 '스펙트럼Spectrum'이라고 불리는 이유는 10명의 아이가 있다면 10가지 다른 모습을 지니는 것만큼 증상의 형태나 심각도가 광범위하기 때문이다. 실제로 자폐스펙트럼 증상은 아이마다 매우 다른 모습으로 나타나고 나이가 들면서 변하기도 한다.

자폐스펙트럼의 대부분 특성은 영유아 시기에 나타날 수 있지만 일반적으로 특정 연령을 지나면 사라진다. 자폐스펙트럼을 의심하게 만드는 특성이 생각보다 자주, 강렬하게 나타난다면 더는 일반적인 발달이라고 할 수 없다. 그래서 "그 나이 땐 다 그래"라는 말은 절대 쉽게 내뱉어선 안 되는 위험한 말이다. 이 말은 아에게 필요한 평가와 지원을 받지 못하게 방해할 뿐만 아니라 이미 진단을 받고 적극적으로 치료에 임하는 부모를 유난 떠는 사람으로 만들 수 있기 때문이다.

자폐스펙트럼의 대표 증상은 정서적 상호작용과 사회적 의사소통에 지속적인 어려움을 보인다는 것이다. 쉽게 말해 감정을 나누는 상호작용과 의미 있는 의사소통에 어려운 모습을 보인다.

애착이 잘 형성되어야 상호작용과 의사소통이 가능한데, 애착 반응은 분리불안을 보이는 모습을 통해 관찰해볼 수 있다. 생후 8개월 무렵 낯을 가리기 시작하고, 생후 10~18개월 무렵 분리불안이 가장 심하게 나타나며, 만 3세 이후 점차 줄어든다. 낯선 사람을 만났을 때 낯을 가리는 모습을 보이는지, 엄마와 떨어질 때 불안해하며 우는 모습을 보이는지 가장 먼저 살펴봐야 한다.

그다음 특징은 언어를 기능적으로 잘 사용하지 못해 의미 있는 의사소통이 어렵다는 점을 꼽을 수 있다. 예를 들어 몸짓 언어, 표정 등 비언어적 언어를 이해하거나 사용하는 데 어려움이 있어 맥락에 어울리는 행동을 못하고, 눈맞춤이 어렵거나 타인의 감정을 공감하지 못하고, 자신이 관심 있는 것을 다른 사람에게 보여주며 공유하는 것보다 독립적인 모습을 보인다.

놀이할 때는 지시어를 많이 사용하고 통제적인 행동을 보인다. 대화할 때는 상대방의 관심사를 고려하지 않고 자신의 관심사만 전달하려고 한다. 그래서 또래 친구들을 사귀기 어렵고, 아이를 어느 정도 맞춰줄 수 있는 친숙한 어른들과 상호작용을 선호한다. 사물의 명칭은 능숙하게 사용하지만 의사 표현을 어려워하고 매우 구체적인 어휘를 사용하는 특성을 보인다. 생후 30개월이 지나도 대본 읽듯 높은 음조의 목소리로 반향어를 사용하고 '나'와 '너' 같은 대명사를 이해하지 못한다.

두 번째 핵심 증상은 제한적인 관심사와 활동이다. 일반적으로 숫자, 글자, 알파벳, 색깔에 집착 수준의 과도한 관심사나 애착을 보인다. 온종일 딸기나 빨간색 물체를 손에 쥐고 다녀야 하는 것처럼 동일하거나 유사한 물건을 가지고 다니는 것을 좋아하고 흥미를 가지는 범위 또한 고정되어 있다. 매일 감자튀김만 먹는다거나 특정 브랜드의 김만 먹으려 한다거나 지나치게 제한된 식

습관을 가지며 작은 변화에도 과한 거부감을 보인다. 그 외에도 연령대에 일반적이지 않은 특이한 주제에 강한 관심을 보이고 실화를 바탕으로 한 논픽션 관련 정보에 흥미를 보인다.

세 번째 핵심 증상은 반복되고 의식화된 패턴이다. 자폐스펙트럼 하면 가장 먼저 떠오르는 이미지는 손가락 흔들기, 몸을 앞뒤 좌우로 반복하며 움직이는 '상동행동'과 상대가 한 말을 그대로 따라 말하는 '반향어' 사용이 여기에 포함된다.

여기서 주의 깊게 관찰해야 하는 부분은 경직된 사고 패턴, 바로 의식 절차에 있다. 예를 들어 물통, 냄비, 치약 등 모든 용품의 뚜껑이 항상 닫혀 있어야 하고, 모든 걸 크기 순서대로 나열해야 하고, 장난감부터 옷 등 모든 일상용품이 색깔별로 정리되어야 하고, 특정 컵으로만 물을 마시거나 매일 아침 옷을 여러 번 입고 벗어야 하고, 무조건 수저가 왼쪽에 놓여야 하는 것처럼 일상에 사소한 모든 것이 의식대로 진행되지 않으면 난리를 치며 격하게 반응하는 것이다.

매번 동일한 순서로 같은 레퍼토리의 놀이도 자신의 루틴대로 딱 맞게 진행해야 만족하는 모습을 보인다. 그뿐만 아니라 물체의 움직임(빨리 회전하는 선풍기, 돌아가는 자동차 바퀴)에 매료되어 있고, 특정 냄새에 집착하고, 편식이 심하고, 통증을 잘 못 느끼는 것 같이 감각적 자극에 과잉 또는 과소 반응을 보이기도 한다. 이외에도 운동 기획 능력과 인지 능력 등 전반적인 다른 발달 영역도 함께 살펴봐야 한다.

위와 같은 증상으로 일상적인 생활 리듬에 부정적인 영향을 미치는 경우는 더 적극적인 도움이 필요하다는 신호이므로 전문적인 검사와 평가를 받아보길 권한다. 조기 진단과 치료로 아이의 잠재력을 키워주고 삶의 질을 개선할 수 있길 바란다.

자폐스펙트럼 아이의 상호작용 유도하는 5가지 방법

자폐스펙트럼 아동에게 다음 5가지 방법 중 1가지만 선택해서 매일 15분씩 2주 정도 함께 해보자. 시작은 매일 3분씩 5번을 반복해도 좋고, 5분씩 3번을 반복해도 상관없다. 아이의 집중도나 환경에 따라 우리 가정에 알맞은 루틴을 찾는 것이 더 중요하다. 단, 이 시간만큼은 아이에게 온전히 집중해 질적인 상호작용을 하는 시간이길 바란다.

눈맞춤 유도하는 방법

아이와 상호작용할때 가장 기본은 '자세'다. 어떤 활동이던 부모의 자리는 아이의 옆이 아니라 서로 얼굴을 마주 볼 수 있도록 앞에 있어야 한다. 아이가 앉아 있으면 부모도 앉고, 아이가 서 있으면 부모도 아이의 눈높이에 맞게 몸을 적당히 숙여야 한다. 이 상태에서 모든 상호작용이 이뤄져야 한다.

눈맞춤을 유도하는 효과적인 방법은 아이가 흥미를 보이는 사물을 부모 얼굴 옆에 두고 3초간 들고 있는 것이다. 예를 들어 아이 손에 공을 쥐어주기 전에 공을 부모 얼굴 옆에 들고 있고 우유를 줄 때도 바로 주는 것보다 부모 얼굴 옆에 3초간 들고 있는 것이다. 눈맞춤이 어려운 아이들의 시선은 대부분 자신이 원하는 사물에 가 있기 때문에 부모의 눈이 그 사물과 최대한 가까이 있어야 한다.

그 후 아이와 눈이 마주쳤을 때 혹은 아이의 시선이 부모 얼굴 쪽으로 왔을 때 아이의 요구를 해결해주면 된다. 아이의 시선을 더 사로잡고 싶다면 스티커 하나를 부모 코에 붙여 어디를 바라봐야 하는지 명확하게 알려주고, 코에 있는 스티커를 뗐다 붙이는 놀이를 하며 눈맞춤을 유도해볼 수 있다.

눈맞춤이 어렵고 상호작용이 부족한 말이 느린 아이의 가장 큰 특징은 자신의 필요와 욕구를 충족시키기 위해 어른이나 부모의 손을 잡아당기며 의사를 전달하는 것이다. 냉장고 안에 있는 주스가 먹고 싶은데 스스로 열지 못할 때, 원하는 컵이 싱크대 위에 있어 손이 닿지 않을 때, 문을 열고 나가고 싶은데 문이 열리지 않을 때 같이 자신이 원하는 것을 말로 요구할 수 없기에 가장 효과적인 '손 잡아당기기' 의사소통 방식을 택하는 것이다.

대부분 부모가 "'주스 주세요' 하고 말로 해야지" 혹은 "주스 먹고 싶어?"와 같은 말을 하며 아이가 원하는 것을 바로 충족해주는 루틴이 생겨서 아이는 자신이 편리한 방식을 계속 사용하는 것이다. 여기서 말하는 루틴이란 '내가 손을 잡아당기면 ⇨ 상대방의 관심을 얻을 수 있고 ⇨ 원하는 것을 가질 수 있는' 단계를 말한다.

이때 가장 먼저 해야 할 것은 무의식 중에 생긴 루틴을 깨는 것이다. 우선 손을 잡아당기는 것 외에 상대방의 관심을 효과적으로 끄는 방법을 알려줘야 한다. 아직 말이 트이지 않은 상태라면 상대방의 어깨를 살짝 톡톡 치는 것을 알려주고, 1단어 단계에 있는 아이라면 호칭을 알려줘 상대방의 시선을 효율적으로 집중시키는 의사소통 방법을 가르쳐야 한다.

그다음 아이가 무작정 손을 잡아당길 땐 반응하지 않고, 앞에서 알려준 의사소통 방법을 사용할 때 아이와 눈을 맞추면서 반응해주는 습관을 길러야 한다.

아이가 손을 잡아당기지 않고 엄마의 어깨를 톡톡 치는 것이 습득된 후에는 몸짓이나 말로 자신의 요구를 표현할 수 있도록 유도해야 한다(어깨 톡톡 ⇨ '주세요', '도와줘', '열어줘', '또 할래'). 아이가 장난감 상자를 가져와 열어달라며 엄마의 어깨를 톡톡 쳤다면 아이에게 시선을 집중한 후 "상자 열어줘" 하며 바로 열어주는 루틴을 만들어야 한다. 그 상황에서 아이의 욕구를 1~2개 단어로 읽어준다는 느낌으로 모델링하는 과정을 지속해서 반복할 때 학습될 수 있다.

호명 반응 향상시키는 방법

일반적으로 생후 12개월이 지난 아이들은 자신의 이름에 일관되게 반응한다. 예를 들어 아이가 집중해서 놀고 있어도 이름을 10번 불렀을 때 8번 이상 눈을 딱 마주친다. 만약 이름에 반응하지 않거나 반응하는 빈도가 낮다면 다음과 같은 방법을 적용해 보자.

먼저 하루 동안 아이의 이름을 주로 언제, 얼마나 부르는지 생각해볼 필요가 있다. 이름에 반응이 약하다는 것을 인지하고 불안한 마음에 시도 때도 없이 불러보기, 단호하게 훈육할 때 부르기 등 주로 부정적인 상황에서 아이 이름을 부른 건 아닌지 생각해봐야 한다.

입만 열면 잔소리 하는 사람의 말은 한 귀로 듣고 한 귀로 흘리듯, 너무 자주 불러서 매번 응답하지 않는다면 아이의 이름과 아이 사이의 부정적인 상관관계가 만들어졌을 수도 있다. 그렇다면 우리는 부정적인 상관관계를 긍정적 상관관계로 바꿔야 한다.

첫 번째, 아이의 이름을 부르는 횟수를 제한하자. 약 3일 동안 의도적으로 아이의 이름을 최대한 불러보지 않는 것이다. 아이의 행동을 제한할 때 이름을 사용하지 않고 지시하는 습관을 들이는 것이 중요하다. 지시를 내릴 땐 하지 말아야 할 행동보다 해야 할 행동을 간단명료하게 표현해야 한다("뛰지 마!"가 아닌 "걸어"로 표현).

두 번째, 지시를 할 때 부정어를 빼자. 언어 발달 지연이 있는 아이들이 "뛰지 마!" 같은 지시를 들었을 때 '뛰다'라는 말만 듣고 부모가 원하는 정반대의 행동을 계속하거나, 더 적절한 상황 대처법을 모를 가능성도 높다. 그렇기 때문에 단호하지만 부드러운 목소리로 "걸어", "앉아", "손 내려" 같은 지시를 내린 후 부모가 그 행동을 직접 모델링하고, 아이가 행동 지시를 따랐을 때 "잘 앉았네"라며 즉각 칭찬을 해주자.

세 번째, 의미 있는 보상으로 이름에 반응하게 만드는 방법도 있다. 아이가 가장 좋아하는 간식, 매일 하고 싶어 하는 놀이, 꼭 안아주기, 좋아하는 목욕 시간 등 아이가 좋아하는 활동 모두 '보상'이 될 수 있다. 아이가 좋아하는 과자를 손에 들고 "○○야" 하고 아이의 이름을 부른 후 바로 입에 과자를 하나 넣어주고, 다 먹으면 또 "○○야"를 부른 후 입에 과자 1개를 더 넣어주는 것이다. 안기는 걸 좋아하는 아이라면 "○○야" 하고 부른 즉시 아이를 꼭 안아주는 놀이를 반복하여 만족감을 주는 자극으로 행동을 촉진하는 방법이다. 이 방법이 점차 익숙해지면 보상의 양을 서서히 줄이고, 아이의 이름을 부르는 횟수를 늘려보자.

포인팅하는 방법

검지 손가락으로 가리키는 행위, 포인팅은 가장 먼저 발달하는 의사소통 기술의 하나이며 매우 중요한 초기 언어 발달의 지표다. 포인팅은 아이의 의사소통 의도를 알려줄 뿐만 아니라 수용언어와 표현언어를 향상시킬 수 있는 발판이다. 아이가 자신의 의사를 표현하지 않은 채 문 앞, 냉장고 앞, TV 앞에서 울고만 있다면 포인팅하는 방법을 가르쳐 어떤 걸 원하는지, 어떻게 해주길 바라는지 표현할 수 있도록 알려줘야 한다.

포인팅을 가르쳐주기에 앞서 평소에 "가리켜 보세요"라는 말을 다양한 상황에서 자주 들려주고 부모가 직접 가리키는 행동을 의도적으로 보여줘야 한다. 책을 읽을 때도 "꿀꿀! 돼지 어디 있지? 돼지 가리켜 보세요"라고 하며 포인팅을 유도하는 것이다. '가리키다'라는 말을 잘 이해하지 못한다면 말한 즉시 아이의 손을 잡고 검지로 가리킬 수 있도록 반복적으로 연습해야 한다.

본격적으로 포인팅을 가르쳐주기 위해선 아이가 평상시 자주 요구하는 사물들을 아이의 키가 닿지 않는 곳에 놓고 시작한다. 이러한 제한된 접근법은 아이가 스스로 의사 표현할 기회를 한 번 더 만들어준다.

아이가 요청할 만한 것들을 손이 닿지 않는 곳에 준비해두고(싱크대, 수납장처럼 높은 곳), 아이가 울면서 달라고 할 때 원할 만한 것을 2개 골라 아이가 볼 수 있는 곳에 멀리 두고 대상을 가리킬 기회를 주자. 간식이 들어 있는 서랍을 잡고 운다면 아이가 좋아하는 간식을 2개 꺼내서 싱크대 위에 놓자. 그다음 부모가 직접 포인팅하는 모습을 보여주며 "어떤 거 줄까? 젤리 줄까, 요거트 과자 줄까?"라고 한 후 "가리켜 보세요"라고 지시해보자.

처음에는 아이가 별 반응이 없거나 계속 울고 있을 수 있다. 그래도 한 번 더 모델링을 하며 포인팅을 유도해야 한다. 그럼에도 아무것도 하지 않는다면 아이 등 뒤에 서서 아이의 손을 잡고 포인팅할 수 있도록 도와주자.

아이가 계속 울고만 있다면 아직 내적 성취감을 맛보지 못해 우는 것이기 때문에 처음엔 계속 울어도 아이 손이 아프지 않은 선에서 아이의 손을 꼭 잡고 "어떤 거 줄까?"라고 물으며 계속 진행해야 한다. 부모의 도움으로 아이가 원하는 것을 포인팅하고, 즉각적인 보상(요거트 과자 1개)을 받거나 내적 성취감을 얻는 과정이 반복되면 바른 행동으로 점차 유도할 수 있을 것이다.

모든 언어 촉진법의 핵심은 반복이다. 즉각 보상을 줄 때도, 1가지 보상을 최대한 쪼개서 여러 번 반복할 수 있도록 기회를 만들어주면 더 좋다. 요거트 과자를 포인팅했다고 봉지째 주면 더 는 포인팅을 할 이유가 없어지지만, 포인팅을 한 번 할 때마다 과자를 1~2개씩만 준다면 포인팅을 또 할 수밖에 없는 상황이 주어지게 된다.

직접 보여주기(모델링) ⇨ 가리키기 지시하기 ⇨
즉각적 보상 제공하기 ⇨ 반복하기

외계어와 반향어 줄이는 방법

흔히 반향어와 상동행동을 '의미 없는 말' 혹은 '이상 행동'이라고 부른다. 하지만 의미 없는 말이나 행동은 존재하지 않는다. 아이가 하는 모든 말과 행동에는 다 이유가 있다. 손가락 털기, 같은 말 반복하기, 모든 걸 입에 넣고 씹기, 소리 내며 상체를 앞뒤로 흔들기 등 이러한 반복적인 행위는 생후 9~18개월에 정상 발달에서도 나타나기도 한다.

아이는 자신만의 방식으로 분명 무언가를 표현하는데 부모가 그 신호를 잘 알아차리지 못할 뿐이다. '의미 없는 이상 행동'이라고 부르는 이 행동에 대한 목적을 다른 시점에서 봐야 아이를 잘 도와줄 수 있다.

우선 질문에 답하지 않고 질문만 따라 말하거나, 자신의 요구 사항을 표현할 때도 질문 형식으로 말하거나, 상황에 적절한 말을 하지 않고 그전에 들었던 같은 질문을 반복한다면(배고플 때마다 "바나나 먹을래?") 질문을 정확하게 이해하지 못했을 가능성이 크다.

여기서 주목해야 할 점은 반향어 자체가 아닌 소통의 의도다. 아이가 쓰는 반향어에 주목하지 말고 아이가 가진 소통의 의도를 목적 있는 의사소통으로 확장할 수 있도록 도와줘야 한다.

가장 효과적인 방법은 질문을 하지 않는 것이다. 아무래도 말이 느리다 보니 부모는 하루에도 수많은 질문을 하는데, "안아줘?", "엄마가 도와줄까?", "이거 해줘?", "이거 먹을래?"와 같은 질문보다 특정 상황에서 아이가 해야 하는 말을 모델링해주는 것이다. "안아줘", "도와줘", "해주세요", "고기 먹을래" 같이 아이의 관점에서 사용할 수 있는 단어와 문구를 말로 표현해줘야 한다.

문장의 끝을 올려 질문하는 대신 끝을 내리는 것만으로 큰 차이를 보여줄 수 있다. 아이가 밥을 먹기 싫어할 때도 "먹기 싫어?"라고 묻는 것보다 "싫어"라는 거부 표현이라던가, 아이가 놀던 장난감을 형이 뺏어 갔다면 "내 거야"와 같은 표현 또한 배울 수 있도록 도와줘야 한다. 선택권을 주며 물어볼 때도 끝을 올리지 말고 사물에 이름을 붙여준다는 느낌으로 말의 톤에 집중해야 한다.

　반향어나 상동행동에 대한 지식이 부족한 경우 반복적인 행동이 언제 어디서 나타날지 모르는 예측할 수 없는 행동이라고 생각할 것이다. 그래서 일반적으로 행동을 억제시키거나 내성을 높이려고 하지만 아이가 압도되는 상황까지 가지 않도록 환경을 조절해주는 걸 중점에 둬야 한다. 물론 상황에 따라 내성을 높일 수도 있고 때로는 감수해야 할 때도 있다. 그러나 궁극적인 목표는 아이가 보내는 신호를 알아차리고, 그 요구를 수용하고, 그에 맞는 환경을 지원해주는 것이다. 이런 행동이 한편으로 아이에게 샘솟는 기쁨일 수도, 불안을 떨치고 안정감을 되찾는 최고의 수단일 수도 있다.

　아이가 안정을 되찾기 위해 특정 행동을 한다면 어떤 상황에서 불안이 유발되는지 분석하고, 그 행동 뒤에 숨은 의도를 정확히 파악하여 대처법을 알려줘야 한다. 아이가 특정 행동에 얼마나 고착되어 있는지에 따라 다르지만 부모의 적절한 대응과 대처로 행동을 개선할 수 있다.

　반향어와 상동행동이 나타나는 이유는 일반적으로 감각적 불편함을 해소하기 위해서다. 다시 말해 자신이 내뱉은 반향어를 듣는 것만으로 청각적 감각 추구가 이뤄져 불안을 해소하고 안정감을 찾는 것이다. 아이가 특정 상황에서 유독 반향어를 많이 사용한다면 아이가 좋아하는 노래를 반복해 들려주는 것으로 안정감을 줄 수 있다.

불안감을 유발하는 상황이 예측되면 미리 상황을 충분히 설명하여 좀 덜 불안한 상황을 만들어주고, 특정 행동을 하지 않아도 아무 일이 일어나지 않는다는 것을 느끼게 해줘야 한다. 예를 들어 공중화장실 변기 물 내려가는 소리에 자신의 귀를 때리며 반복적인 소리를 낸다면 물 내려가는 소리가 비교적 작은 화장실 변기(덜 불안한 비슷한 상황) 앞에서 변기 뚜껑을 닫고 손으로 귀를 막고 있게 한다. 그 후 귀를 때리고 소리를 지르지 않아도 큰일이 일어나지 않았다는 경험을 조금씩 반복해보는 것이다. 이런 반복 행동이 안전하지 않고, 꼭 필요한 일상생활을 방해하거나 기본적인 의사소통 기술 습득을 방해한다면 전문가에게 조언을 받아 다른 대안을 가르쳐주는 것이 좋다.

기본적인 욕구를 표현할 수 있는
보완 대체 의사소통

언어 치료에서 말이 아직 트이지 않은 아이와 주로 사용되는 소통법을 '보완 대체 의사소통AAC, Augmentative and Alternative Communication'이라고 한다. 말로 의사소통하는 것이 어려운 아이들에게 소통의 도구로 사용되는 것으로 말을 보완하거나Augment 말 대신 다른 상징들을 이용하여 Alternative 소통할 수 있는 효과적인 방법이다.

보완 대체 의사소통의 유형은 몸짓 언어(수화)부터 의미 있는 상징을 조합하여 음성 출력까지 가능한 스마트기기 보조 도구까지 형태가 다양하다. 눈동자의 움직임을 감지해 글자를 입력하여 자신의 목소리를 보여주며 세상과 원활한 소통을 했던 천재 물리학자 스티븐 호킹 박사가 사용했던 기기도 AAC의 일종이다.

그중 반향어를 사용하는 아이들을 포함한 느리게 학습하는 아이들을 위해 상징 카드를 활용한 '그림 교환법'을 소개해 보겠다. 그림 교환법의 궁극적인 목적은 기본 욕구를 표현할 수 있게 도와주는 것이기에 어휘를 가르쳐주는 게 아니라 하고 싶은 말을 보여준다는 느낌으로 접근해야 한다.

아이의 언어 발달 능력과 특성에 따라 사용되는 상징 카드는 기본적인 기능적 표현으로 구성된 의사소통 그림이 좋다. 자신의 욕구를 충족하는 그림을 손가락으로 가리키거나, 벨크로(찍찍이)로 벽에 붙여진 있는 그림을 붙였다 뗐다 하며 의도적인 의사소통을 할 수 있도록 통로를 마련해주자.

집에서도 쉽게 상징 카드를 만들 수 있다. 방법은 간단하다. 아이가 매일 반복적으로 하고 싶어 하는 활동이 무엇인지 생각해 보자. 아이에게 가르쳐주고 싶은 일상 언어, 아이가 말했으면 하는 언어가 아니라 아이의 관점에서 어떤 표현을 가장 많이 하고 싶은지 생각해본다. "노래 틀어주세요", "씽씽이 탈래요", "오렌지 주스 주세요", "목욕하고 싶어요" 등 아이가 가장 좋아하는 활동을 하나 골라보자. 그림은 인터넷에서 찾아도 좋고, 직접 사진을 찍어 인쇄해도 좋고, 그려도 좋다. 아이가 선호하고 이해하기 쉬운 방식으로 접근하자.

아이가 차에 타서 이동할 때나 집에 있을 때 거미가 나오는 동요를 수시로 틀어달라고 한다면 거미 그림이나 아이가 음악을 듣고 있는 모습을 찍어 인쇄하는 등 다양한 방법으로 상징 카드를 만들고 3단계 사용법을 사용해보자.

1단계: 사진 교환하기

1장의 상징 카드를 아이가 원하는 사물이나 활동으로 교환하는 방법을 알려준다. 상징 카드를 앞에 두고 아이와 마주 보고 앉는다. 아이가 원하는 것을 하기 직전에 상징 카드를 가리키거나 아이가 직접 부모 손에 카드를 전달할 수 있도록 유도한다. 예를 들어 거미 노래를 틀어주기 전에 부모가 직접 거미가 그려진 상징 카드를 가리키면서 "거미 노래 틀어줘"라고 말한 직후 노래를 틀어주는 모습을 반복해서 보여주는 것이다. 노래가 끝나면 같은 과정을 반복하여 상징 카드의 쓰임새를 이해하게 하고 충분히 모델링한 후에 아이 손에 카드를 주고 부모에게 전달해줄 수 있도록 유도하자.

2단계: 일반화시키기

1장의 상징 카드를 다양한 장소에서 여러 사람과 함께 지속해서 사용할 수 있는 환경을 제공해야 한다. 이것은 1단계에서 학습된 기술을 다양한 장소에서 적용해보는 과정이다. 전 단계에서는 매번 엄마와 둘이 마주 보고 앉아 활동했다면 엄마가 아닌 사람과 다른 장소에서 상징 카드를 사용해 의사를 표현할 수 있도록 기회를 만들어주자. 이렇게 조금씩 여러 장소에서 다양한 사람에게 자발적으로 상징 카드를 사용할 수 있도록 도와줘야 한다.

3단계: 선택하기

1장의 상징 카드를 다양한 환경에서 적절하게 사용하여 자신이 원하는 것을 표현할 수 있다면, 새로운 상징 카드를 추가하여 2장 중 1장만 선택하는 방법을 알려줘야 한다. 처음 시작했을 때와 마찬가지로 2장의 상징 카드를 앞에 두고 1장을 선택하면 즉각 보상을 줘야 한다. 이렇게 아이 속도에 맞춰 1장씩 상징 카드를 추가해 표현 범위를 늘리면 된다.

다양한 상징 카드가 추가되면 아이가 요청하는 상징 카드에 "먹고 싶어요", "해주세요", "더 하고 싶어요", "열어주세요", "그만할래요"와 같은 실용적인 문장을 추가하면서 간단한 문장도 구성해보자. 실제로 수많은 연구에 따르면 AAC는 구어 능력 향상을 방해하지 않고 오히려 구어 발달에 긍정적인 영향을 주고 소통 능력을 촉진한다고 한다. 그러니 주저하지 말고 상징 카드를 만들어 의사소통 기회를 만들어보자.

상징 카드는 어디든 쉽게 가지고 다닐 수 있고, 붙였다 뗐다 할 수 있는 바인더 폴더를 구입해 접착식 의사소통 책을 만들어보는 것 또한 추천한다.

참고문헌

1. The Hanen Centre, 「Do Late Talkers "Grow Out of It?"」, 4/3/2024.
   하넨 센터는 언어치료사 및 말이 느린 아이를 키우는 부모에게 언어지연, 자폐 관련 리소스를 제공해 주는 캐나다에 있는 유명한 기관이다.

2. ASHA, 「Late Language Emergence」, 4/3/2024.
   ASHA(American Speech-Language-Hearing Association)는 미국의 대표 청각, 언어 분야를 대표하는 단체이다.

3. ASHA, [ASHA's Developmental Milestones: Birth to 5 Years], 4/5/2024.
   0~5세 언어 발달 이정표
   www.asha.org/public/speech/development/chart/

4. Kipping, Gard, Gilman, and Gorman (Pro-Ed) [Speech and Language Development Chart (3rd Ed)]. 영유아 언어 발달 이정표

5. Laura Mize, [Teach Me to Talk The Therapy Manual: A Comprehensive guide for improving receptive and expressive language in toddlers], 2011.
   유아의 수용언어, 표현언어 발달 및 촉진법을 소개하는 언어 치료 매뉴얼이다.

6. National Library of Medicine, [Impact of media use on children and youth], 2003.
   미디어가 유아의 심리-사회적 발달에 미치는 부정적인 영향에 대한 연구 - 연령에 적합한 미디어 사용에 대한 지침을 제공한다.
   https://www.ncbi.nlm.nih.gov/pmc/articles/PMC2792691/

7. Sage Journals, [Effects of Media Exposure on Social Development in Children], 2023.
   만 2세 이전에 미디어 시청은 두뇌 발달에 부정적인 영향을 미친다는 주장을 하고 과다 노출될 경우 주의력 및 인지 발달에 심각한 문제를 일으킨다고 주장한다.
   https://journals.sagepub.com/doi/10.1177/2333794X231159224#:~:text=It%20has%20been%20suggested%20that,memory%2C%20attention%2C%20and%20cognition.&text=Others%20have%20argued%20that%20viewing,with%20caregivers%20can%20help%20development

8. Martha Lally, Suzanne-Valentine-French, [Lifespan Development: A Psychological Perspective- Fourth Edition], College of Lake County, 2022.
   만 2~6세 사이에 일어나는 '어휘 폭발기' 과정을 설명하는 어휘 습득 원리에 대해 설명한다.
   https://courses.lumenlearning.com/suny-lifespandevelopment/chapter/language-development/#:~:text=Vocabulary%20growth%3A%20A%20child's%20vocabulary,a%20process%20called%20fast%2Dmapping

9. The Goldman Center of Chicago, [Why is it critical to be awrae of a speech and language regression?], 12/11/2024.
언어퇴행과 근본적인 발달 문제의 가능성을 말한다.
https://www.goldmancenter.org/why-is-it-critical-to-be-aware-of-a-speech-language-regression/#:~:text=Research%20has%20shown%20that%20the,spectrum%20disorder%20(or%20ASD)

10. Shinnar S, Rapin I, Arnold S, et al. Language regression in childhood. Pediatr Neurol. 2001;24(3):185-191.
언어 퇴행과 근본적인 발달 문제의 가능성을 말한다.
https://pubmed.ncbi.nlm.nih.gov/32018934/

11. McKenzie, Robert, "Developmental Regression In Toddlers." Speech Blubs, Speech Blubs, 25 Mar. 2020.
언어퇴행과 근본적인 발달 문제의 가능성을 말한다.
https://speechblubs.com/blog/developmental-regression-in-toddlers/.

12. Ahn, Miller et. al., 2004. "Prevalence of parents' perceptions of sensory processing disorders among kindergarten children." Journal of Abnormal Child Psychology.
유치원생의 감각처리장애에 대한 유병률을 설명한다.

13. Ben-Sasoon, Carter et. Al., 2009. "Sensory over-responsivity in elementary school: prevalence and social-emotional correlates." Journal of Abnormal Child Psychology.
감각 과잉 반응: 유병률과 사회 정서적 상관 관계를 설명한다.

14. Arnsten, Amy, "The Emerging Neurobiology of Attention Deficit Hyperactivity Disorder: The Key Role of the Prefrontal Association Cortex." Journal of Pediatrics, 2010.
전두엽 피질 기능 및 구조와 ADHD 관련을 설명한다.

15. STAR Institute, "Is It Sensory Processing Disorder or ADHD?", 5/9/2024.
STAR 연구소는 감각통합 전문 비영리 기관이며 감각 처리에 대한 연구, 교육 및 치료 분야의 세계적인 리더이다.

16. PECS: An Evidence-Based Practice「"What is PECS?"」, 5/20/2024.
PECS(Picture Exchange Communication System) 다양한 의사소통 문제를 겪고 있는 모든 연령대의 학습자들을 위한 보완대체소통의 유형인 '그림교환법'을 소개한다.
https://pecsusa.com/pecs

말을 못해 답답한 아이, 말이 늦어 조급한 부모를 위한 언어 발달 자극법
엄마도 너와 대화하고 싶어

초판 1쇄 인쇄 2024년 8월 22일
초판 1쇄 발행 2024년 9월 4일

지은이 표아름누리

대표 장선희 **총괄** 이영철
책임편집 정시아 **기획편집** 현미나, 한이슬, 정시아, 오향림
책임디자인 최아영 **디자인** 양혜민
마케팅 최의범, 김경률, 유효주, 박예은
경영관리 전선애

펴낸곳 서사원 **출판등록** 제2023-000199호
주소 서울시 마포구 성암로 330 DMC첨단산업센터 713호
전화 02-898-8778 **팩스** 02-6008-1673
이메일 cr@seosawon.com
네이버 포스트 post.naver.com/seosawon
페이스북 www.facebook.com/seosawon
인스타그램 www.instagram.com/seosawon

ⓒ 표아름누리, 2024

ISBN 979-11-6822-322-6   13590

- 이 책은 저작권법에 따라 보호를 받는 저작물이므로 무단 전재와 무단 복제를 금지합니다.
- 이 책 내용의 전부 또는 일부를 이용하려면 반드시 저작권자와 서사원 주식회사의 서면 동의를 받아야 합니다.
- 잘못된 책은 구입하신 서점에서 바꿔 드립니다.
- 책값은 뒤표지에 있습니다.

서사원은 독자 여러분의 책에 관한 아이디어와 원고 투고를 설레는 마음으로 기다리고 있습니다.
책으로 엮기를 원하는 아이디어가 있는 분은 이메일 cr@seosawon.com으로 간단한 개요와 취지,
연락처 등을 보내주세요. 고민을 멈추고 실행해보세요. 꿈이 이루어집니다.